AF283841

Retoque digital
de imágenes

Inmaculada Villagrán Arroyal

ic editorial

Retoque digital de imágenes
© Inmaculada Villagrán Arroyal

1ª Edición

© IC Editorial, 2024

Editado por: IC Editorial
c/ Cueva de Viera, 2, Local 3
Centro Negocios CADI
29200 Antequera (Málaga)
Teléfono: 952 70 60 04
Fax: 952 84 55 03
Correo electrónico: iceditorial@iceditorial.com
Internet: www.iceditorial.com

IC Editorial ha puesto el máximo empeño en ofrecer una
información completa y precisa. Sin embargo, no asume
ninguna responsabilidad derivada de su uso, ni tampoco la
violación de patentes ni otros derechos de terceras partes
que pudieran ocurrir. Mediante esta publicación se pretende
proporcionar unos conocimientos precisos y acreditados
sobre el tema tratado. Su venta no supone para **IC Editorial**
ninguna forma de asistencia legal, administrativa
ni de ningún otro tipo.

Reservados todos los derechos de publicación en cualquier
idioma.

Cualquier forma de reproducción, distribución, comunicación
pública o transformación de esta obra solo puede ser realizada
con la autorización de sus titulares, salvo excepción prevista
por la ley. Diríjase a CEDRO (Centro Español de Derechos
Reprográficos) si necesita fotocopiar o escanear algún
fragmento de esta obra (www.cedro.org).

Según el Código Penal, el contenido está protegido por la ley
vigente que establece penas de prisión y/o multas a quienes
intencionadamente reprodujeren o plagiaren, en todo o en parte,
una obra literaria, artística o científica.

ISBN: 978-84-1184-523-6
Depósito Legal: MA 3040-2024

Impresión: PODiPrint
Impreso en Andalucía – España

Nota de la editorial: IC Editorial pertenece a Innovación y Cualificación S. L.

Presentación del manual

El **Certificado de Profesionalidad** es el instrumento de acreditación, en el ámbito de la Administración laboral, de las cualificaciones profesionales del Catálogo Nacional de Cualificaciones Profesionales adquiridas a través de procesos formativos o del proceso de reconocimiento de la experiencia laboral y de vías no formales de formación.

El elemento mínimo acreditable es la **Unidad de Competencia.** La suma de las acreditaciones de las unidades de competencia conforma la acreditación de la competencia general.

Una **Unidad de Competencia** se define como una agrupación de tareas productivas específica que realiza el profesional. Las diferentes unidades de competencia de un certificado de profesionalidad conforman la **Competencia General,** definiendo el conjunto de conocimientos y capacidades que permiten el ejercicio de una actividad profesional determinada.

Cada **Unidad de Competencia** lleva asociado un **Módulo Formativo,** donde se describe la formación necesaria para adquirir esa **Unidad de Competencia,** pudiendo dividirse en **Unidades Formativas.**

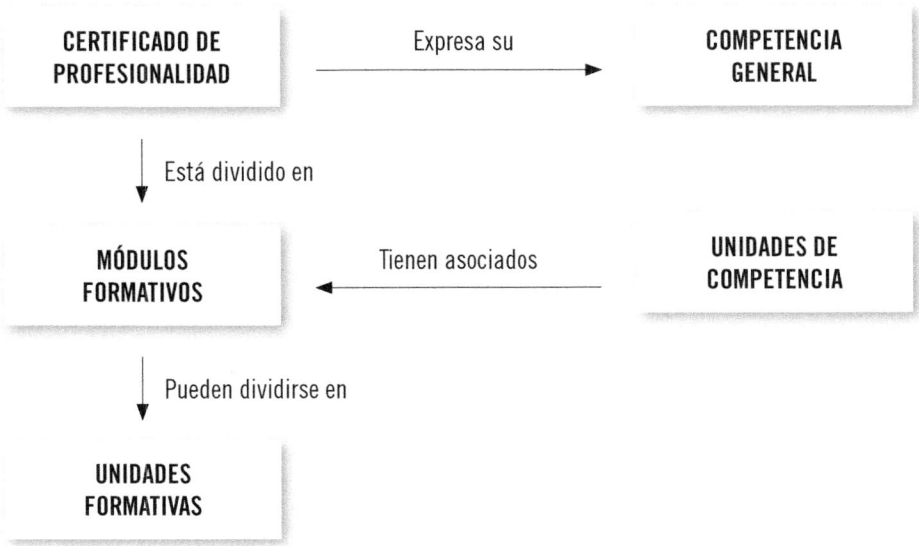

El presente manual desarrolla la Unidad Formativa **UF1458: Retoque digital de imágenes,**

perteneciente al Módulo Formativo **MF0697_3: Edición creativa de imágenes y diseño de elementos gráficos,**

asociado a la unidad de competencia **UC0697_3: Tratar imágenes y crear elementos gráficos con los parámetros de gestión del color adecuados,**

del Certificado de Profesionalidad **Diseño de productos gráficos.**

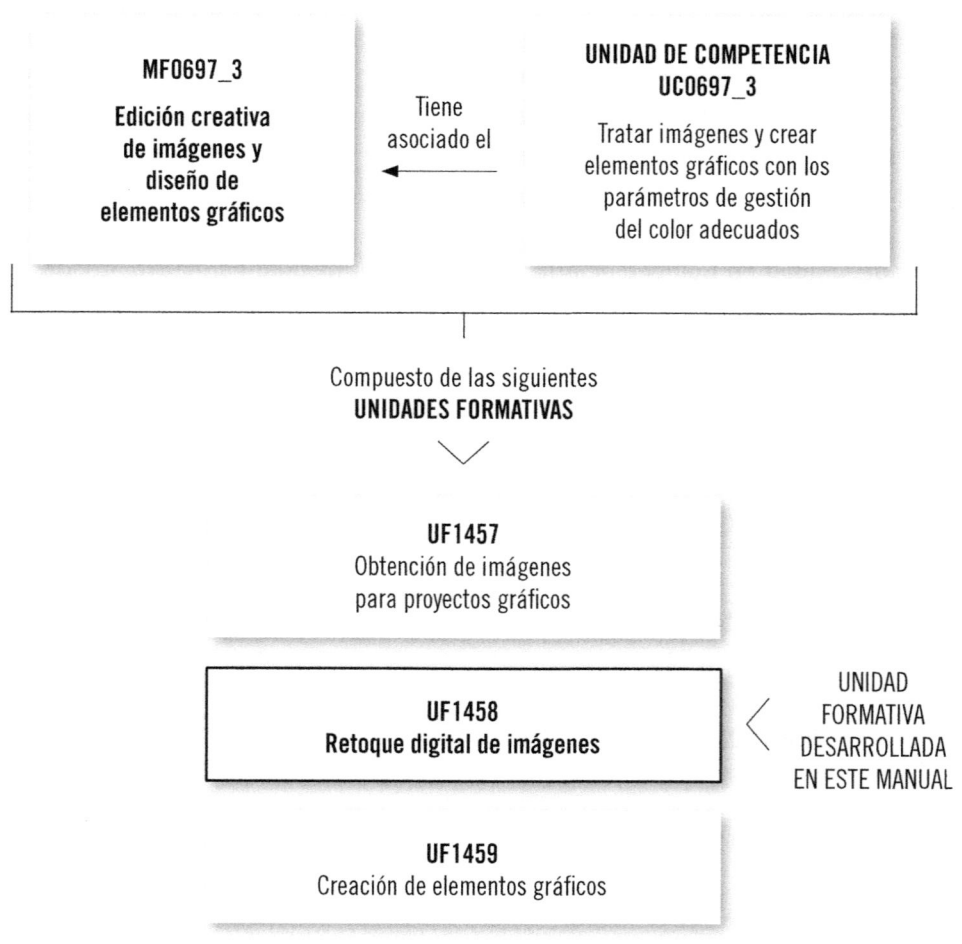

FICHA DE CERTIFICADO DE PROFESIONALIDAD

(ARG0110) DISEÑO DE PRODUCTOS GRÁFICOS (R. D. 1520/2011, de 31 de octubre)

COMPETENCIA GENERAL: Desarrollar proyectos gráficos a partir de las especificaciones iniciales del producto; elaborando bocetos, seleccionando y adecuando color, imágenes y fuentes tipográficas; creando elementos gráficos, maquetas y artes finales; utilizando herramientas informáticas; realizando presupuestos en función de las características del proyecto y verificando la calidad del producto terminado.

Cualificación profesional de referencia		Unidades de competencia	Ocupaciones o puestos de trabajo relacionados:
ARG219_3 DISEÑO DE PRODUCTOS GRÁFICOS	UC0696_3	Desarrollar proyectos de productos gráficos	• Diseñador gráfico
	UC0697_3	Tratar imágenes y crear elementos gráficos con los parámetros de gestión del color adecuados	• Grafista
(R. D. 1228/2006, de 27 de octubre)	UC0698_3	Componer elementos gráficos, imágenes y textos según la teoría de la arquitectura tipográfica y la maquetación	• Maquetista
	UC0699_3	Preparar y verificar artes finales para su distribución	• Arte finalista

Correspondencia con el Catálogo Modular de Formación Profesional

Módulos certificado	Unidades formativas	Horas
MF0696_3: Proyecto de productos gráficos	UF1455: Preparación de proyectos de diseño gráfico	50
	UF1456: Desarrollo de bocetos de proyectos gráficos	90
MF0697_3: Edición creativa de imágenes y diseño de elementos gráficos	UF1457: Obtención de imágenes para proyectos gráficos	40
	UF1458: Retoque digital de imágenes	70
	UF1459: Creación de elementos gráficos	50
MF0698_3: Arquitectura tipográfica y maquetación	UF1460: Composición de textos en productos gráficos	90
	UF1461: Maquetación de productos editoriales	50
	UF1462: Elaboración del arte final	60
MF0699_3: Preparación de artes finales	UF1463: Arte final multimedia y e-book	30
	UF1464: Calidad del producto gráfico	30
MP0312: Módulo de prácticas profesionales no laborales		40

Índice

Capítulo 1
Gestión del color

Contenido

1. Introducción

Aprender a usar, gestionar o aplicar el color de una manera eficaz, significa conocer las propiedades visuales que los identifican, cómo varían y los efectos ópticos que ejercen unos sobre otros. Cada color se puede reconocer por su tonalidad, aunque también se puede percibir en esos matices diferentes intensidades o grados de saturación, brillos o incluso temperaturas. Sin embargo, es indispensable conocer, además de las características propias de los colores, todos aquellos aspectos y reglas básicas que permiten visualizarlos o mezclarlos para conseguir los efectos visuales apropiados para una correcta composición e impresión gráfica.

El impacto cromático se considera como uno de los valores más importantes a tener en cuenta para conseguir con éxito una presentación gráfica visual, ya que puede transmitir emociones, sensaciones, estimulan las células de la retina y provocan una actividad cerebral involuntaria de satisfacción, rechazo, agresividad, tranquilidad, etc.

Por otro lado, aparte del aspecto visual de los colores, hay que conocer las características técnicas del uso del color; al trabajar con medios digitales, las entradas de imagen y salidas de impresión pueden ocasionar problemas de reproducción o fidelidad debido a la gestión de las pantallas en los ordenadores o los propios recursos de impresión.

Por tanto, en este capítulo se tratará de entender el lenguaje del color en sus aspectos teórico-psicológicos y cómo es conveniente utilizarlo para la elaboración de diseños, publicidad o fotografía y conseguir un nivel de reproducción de la mejor calidad posible. El color es un medio que actúa sobre el público de una manera consciente o inconsciente, es un elemento elemental con una gran capacidad de comunicación y que puede poseer un alto valor simbólico además de emocional y será de gran utilidad a la hora de realizar creaciones.

2. Teoría del color

Cuando se perciben las formas y tonalidades de las cosas, su volumen o profundidad es debido a la percepción del color y este surge en el momento en el que la luz hace acto de presencia en el espacio. La luz es un tipo de radiación electromagnética que se propaga mediante ondas a 300.000 kilómetros por segundo, aunque el ojo humano solo es capaz de percibir una parte limitada de esa frecuencia, el denominado **espectro visible** que va desde los tonos rojos hasta los azules o violetas incluidos todos los colores que se encuentran entre estos.

| Ultravioleta | El espectro visible | Infrarrojos |

El ojo humano solo percibe una parte de frecuencias electromagnéticas, el llamado espectro visible.

Las longitudes de ondas que se encuentran fuera de los tonos rojos se conocen como ondas infrarrojas, son radiaciones electromagnéticas térmicas que tienen una longitud de onda incluso mayor que la visible por el ojo humano. Cuando la longitud de la onda va más allá de los tonos violetas, se conoce como luz ultravioleta que supera una potencia energética muy alta, como por ejemplo la que llevan integrada los rayos solares, responsables del bronceado de la piel.

2.1. Teoría del color de Isaac Newton

El científico, filósofo e inventor Isaac Newton (1642-1727) fue uno de los primeros que dedujo que el color no existía en los objetos, sino que la luz blanca se descompone en los siete colores básicos del espectro visual: rojo, naranja, amarillo, verde, azul, añil y violeta.

La teoría del color de Newton se basa en la descomposición de la luz blanca en los siete colores espectrales.

Su experimento comenzó haciendo interceptar la luz blanca del sol a través de un prisma de cristal y pudo observar cómo aparecían esos siete colores reflejados, por tanto el color se encuentra en la luz y cuando esta luz choca con algún cuerpo, este absorbe algunos de esos colores y refleja el resto, que son los que se pueden percibir con la vista.

Todos los cuerpos absorben los colores del espectro, excepto los colores que se reflejan y se pueden percibir

 **Actividades**

1. Experimente usted mismo e intente que aparezcan los colores del espectro cromático mediante algún medio. Por ejemplo aplique luz directa sobre algún objeto de cristal que tenga diferentes planos o espere a un día soleado y dirija, con una manguera, el agua en dirección al sol para ver cómo aparece el espectro visible.

Otra de las experiencias físicas que realizó Newton para demostrar su teoría fue el disco giratorio de color donde los colores se ubican en diferentes sectores dentro de un disco que al hacerlo girar, se demuestra cómo aparece la tonalidad blanca y los colores parecen desaparecer, sin embargo, la división del disco es algo desproporcionada ya que los colores no se distribuyen uniformemente.

A la izquierda el círculo cromático orginal de Newton y su distribución de los colores espectrales, a la derecha la aplicación real de los colores según las divisiones representadas

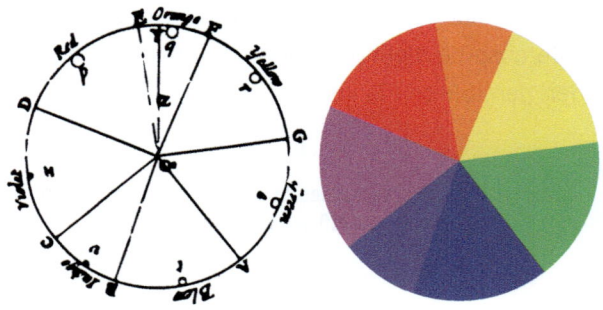

 **Actividades**

2. Investigue en internet sobre cómo fabricar su propio círculo cromático, puede pintarlo directamente o diseñarlo con su programa de diseño o tratamiento de imágenes. Una vez reproducido, hágalo girar para comprobar la teoría de Newton.

2.2. Teoría del color de Goethe

El poeta y científico alemán Johann Wolfgang von Goethe (1749-1832), fue el precursor de la psicología del color, este se opuso a reconocer que la percepción del color de Newton se limitara a una mera demostración científica de la descomposición de la luz blanca en los siete colores espectrales, sino que el color también depende de la percepción y por tanto mantenían una relación directa con sus complementarios guiándose por las tonalidades de los pigmentos de colores usados por los artistas de la época. El círculo cromático de Goethe, agrupa los colores por pares, donde se encuentran las tonalidades complementarias frente a los tonos principales. La división de este círculo unía con líneas esos matices complementarios (colores que se encuentran en el lado opuesto del círculo) en forma de triángulos respecto a los colores primarios.

Si el círculo de Newton es un círculo cromático de mezcla de luces, el de Goethe se basa en la mezcla directa de los pigmentos o tintes, dando como consecuencia los colores secundarios y complementarios.

A la izquierda el círculo cromático planteado por Goethe y basado en la mezcla de pigmentos, a la derecha la aplicación real de los colores según las divisiones representadas

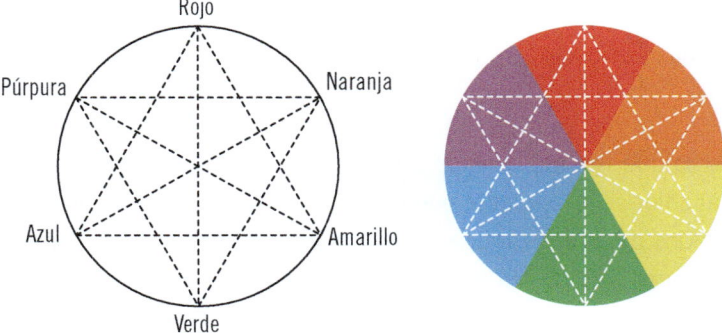

Actividades

3. Busque en casa rotuladores o lápices de colores y, sin mirar la imagen, distribúyalos de una manera circular para construir el círculo cromático de Goethe. Compárelo después con el original del manual para comprobar que ha seguido correctamente el orden cromático.

Ejercicio práctico

Explique brevemente cómo Isaac Newton dedujo que el color no era algo intrínseco en los cuerpos u objetos, es decir, describa en qué consistía su experimento para descomponer los colores.

Continúa en página siguiente >>

<< Viene de página anterior

SOLUCIÓN

Isaac Newton descubrió que los colores no están en los cuerpos, sino que los colores existen cuando hay luz. Cuando una luz choca con una superficie, absorbe todos los colores, excepto el que se puede percibir, de ahí que se pueda ver verdes, rojos, azules, etc. Esta conclusión surgió del experimento de proyectar la luz blanca del sol sobre un prisma y esta se descomponía en los siete colores básicos del espectro visual: rojo, naranja, amarillo, verde, azul, añil y violeta.

Otro aspecto que Goethe consideraba incluso más importante a la hora de tratar sobre el color era el impacto que provocaba sobre el ser humano, el color transmite estados de ánimo tanto al artista que los utiliza como al espectador que lo observa y es uno de los pioneros al hablar de la psicología del color y de cómo las combinaciones cromáticas dan conciencia de armonía y estética. Esta teoría describía cómo los colores transmitían sensaciones:

- **Azul:** color de inteligencia, sabiduría, paciencia, frialdad, tranquilidad o calma, produce sensación de espacio abierto o libertad debido a la conexión que tiene con el cielo y el mar.
- **Rojo:** al relacionarse con el fuego y la sangre, transmite calor, valentía, coraje, pasión, amor, vitalidad, acción, impulsividad, peligro e incluso violencia.
- **Amarillo:** es un color estimulante que al estar relacionado con el sol, tiene la condición de poder o arrogancia, pero también de alegría y optimismo.
- **Naranja:** al ser una mezcla del rojo y el amarillo, combina la energía del rojo con la felicidad del amarillo. Representa la creatividad, el éxito o la juventud, aunque no llega a ser tan agresivo como el rojo, produce sensación de calor y estimula la actividad mental.
- **Verde:** es el color que representa la naturaleza, por tanto transmite armonía, crecimiento, esperanza, fertilidad o frescura. Se relaciona directamente con el sentido de la seguridad, en contraposición con el rojo de peligro.
- **Violeta:** tiene un significado directo con la realeza, la nobleza o la espiritualidad. Al estar compuesto por la calma fría del azul y el calor del rojo,

eleva a un estado de tranquilidad algo mística. Incita a la creatividad, al misterio y la emoción.

 Actividades

4. En la publicidad gráfica se utiliza mucho la psicología del color para emitir emociones al público. Analice por ejemplo las tonalidades dominantes en algún anuncio de perfumes, refrescos o automoción. Saque conclusiones de la intención cromática que han querido transmitir los publicistas con esos colores.

 Aplicación práctica

Observe las imágenes siguientes e indique cuál es la tonalidad dominante en cada una de ellas y relaciónelas cromáticamente con las áreas de color del círculo de Goethe. Intente describir las sensaciones que le sugieren cada una de ellas o las que cree que se han querido representar con sus colores dominantes.

Continúa en página siguiente >>

<< Viene de página anterior

SOLUCIÓN

Cada imagen tiene una dominancia cromática muy definida. Si se relaciona con el círculo de Goethe, el resultado sería el siguiente: 1: verde, 2: naranja, 3: púrpura o violeta, 4: amarillo, 5: azul y 6: rojo.

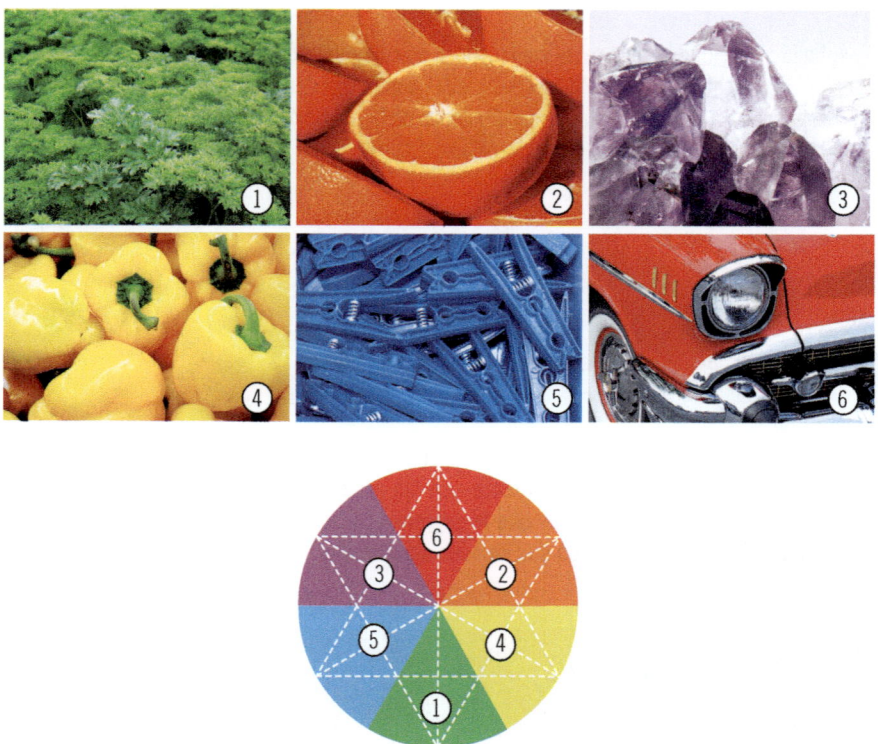

En cuanto a las sensaciones que cada composición cromática pueda sugerir: la imagen 1 representa con sus tonos verdes, naturaleza, armonía, frescura y crecimiento; la imagen 2, con tonos naranjas dominantes, es reflejo de juventud, energía y éxito, uno de los colores clave para este tipo de publicidad; la imagen 3, transmite un misticismo relajante, emocionante y misterioso; la imagen 4 es donde domina el amarillo, que tiende al optimismo, es vitalista y refleja la luz del sol mediante el color, son tonos que transmiten alegría y libertad; la imagen 5 tiene tonos azules que transmiten tranquilidad, tiempo para pensar, sabiduría, inteligencia y calma; la imagen 6 tiene dominancia cromática de rojos y la acción que la representa es adecuada para este color transmitiendo energía, pasión, vitalidad, acción, impulsividad, fuerza o poder.

2.3. Tipología del color

Los colores pueden clasificarse en diferentes tipos según su composición.

Los colores primarios

Son aquellos que no pueden crearse mezclando otros colores. Si se trabajan estos colores con algún medio plástico como la pintura, los colores primarios se basan en el rojo, amarillo y azul, es una especie de síntesis sustractiva que se utiliza en los procesos pictóricos y que al combinarse entre ellos proporcionarán los secundarios.

En los medios de impresión gráfica los colores primarios se reconocen como el cian, magenta y amarillo y de la misma manera, en la rueda cromática de colores luz, los primarios se reconocen como el rojo, verde y azul.

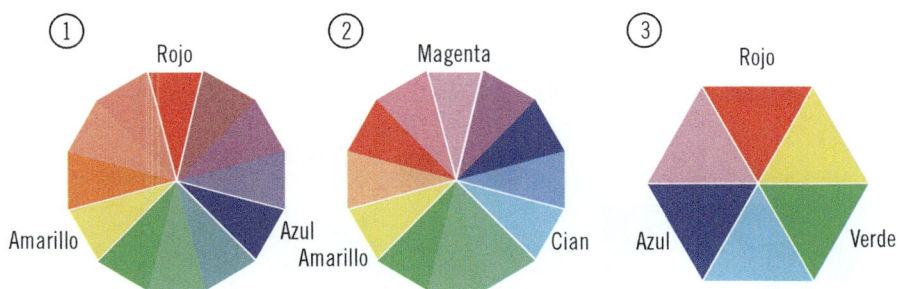

El círculo cromático 1 representa los colores primarios para los procedimientos pictóricos, el número 2 muestra los primarios en procedimientos de impresión gráfica y el número 3, los colores primarios de la luz.

Los colores secundarios

Son aquellos que surgen al mezclar en la misma proporción dos colores primarios.

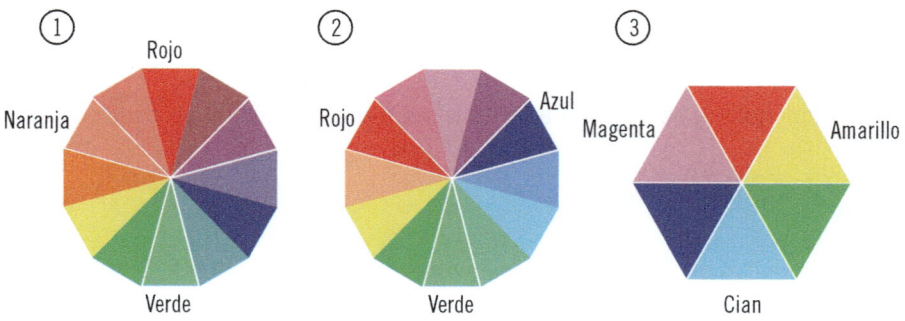

El modelo de la izquierda representa los secundarios de los colores de pintura, el del centro los secundarios del modelo CMY y a la derecha los secundarios del modelo RGB.

Los colores terciarios

Los colores terciarios son el resultado de mezclar un primario con un secundario. Son los más habituales en la naturaleza ya que representan una gama tonal más amplia.

Modelos de los colores terciarios, mezcla de un primario con un secundario

Actividades

5. Busque entre revistas y folletos viejos, fotografías donde se reconozcan claramente los colores primarios, secundarios y terciarios, recórtelos y cree su propio *collage* a modo de gráfico.

Aplicación práctica

Observe la ilustración que aparece a continuación. Enumere, simplificando la gama cromática general del cuadro a los 7 colores más definidos que encuentre e indique cuáles pertenecen al grupo de primarios, secundarios o terciarios. Indique sus nombres y posibles combinaciones de las que están compuestos.

SOLUCIÓN

La ilustración que vemos es una impresión digital sobre papel, por tanto la descripción de los colores que se visualizan se adaptan a la mezcla de síntesis sustractiva del color, pudiéndose comparar con el círculo cromático estandarizado para medios pictóricos.

Continúa en página siguiente >>

<< Viene de página anterior

Teniendo en cuenta que las personas pueden ver los colores de maneras diferentes, este resultado es una propuesta generalizada donde se pueden clasificar los colores que se aprecian de la siguiente manera:

Terciario: rojo violáceo

Primario: rojo

Secundario: naranja

Primario: amarillo

Terciario: azul verdoso

Primario: azul

Secundario: verde

No se debe considerar el negro como color primario ya que este surge como suma de todos los colores.

3. Percepción del color

El ojo humano tiene en su retina unas coberturas sensibles a la luz que se llaman **bastones,** son órganos sensoriales que reciben las diferentes intensidades de luz, pero no perciben los colores, los ojos los utilizan cuando hay poca luz, por eso cuando se está en espacios bastante oscuros, todo parece verse en blanco y negro. Por otro lado, en la retina del ojo también se encuentran los **conos,** sensibles a los colores, concretamente unos perciben la luz roja, otros la verde y otros la azul. La combinación de estos tres colores es lo que permite distinguir todos los colores, es decir, el espectro visible, esta mezcla cromática abarca hasta más de diez millones de matices. De todas formas, la percepción del color puede variar de una persona a otra, hay individuos que padecen de daltonismo, un defecto genético que impide ver algunos matices de rojos y verdes.

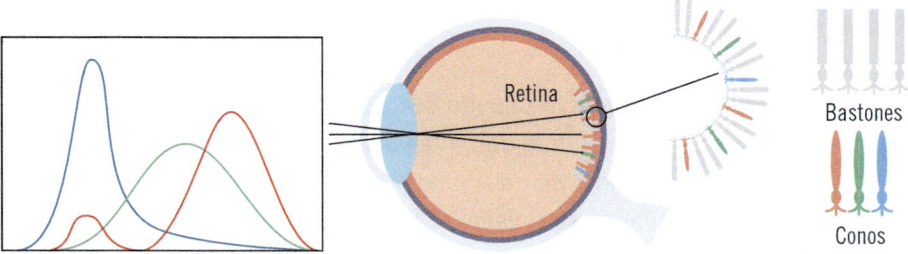

A la izquierda se puede ver la división de la sensibilidad de los tres tipos de conos. A la derecha, lugar donde se encuentran los bastones y conos dentro de la retina del ojo, responsables de poder percibir la intensidad de la luz y el color.

 Sabía que...

Una fotografía en color dispone de miles de colores y para visualizarlas en pantalla se hace la mezcla de los tres colores primarios, el rojo, verde y azul, ya que los conos que se encuentran en la retina son sensibles a esos tres colores y es la manera más adecuada de relacionar la imagen digital con la visión retiniana.

 Actividades

6. Investigue en internet o consulte con otras personas para sacar conclusiones sobre por qué se dice: "...de noche, todos los gatos son pardos".

3.1. El efecto del contraste

El ojo humano también puede percibir un color específico de manera diferente según los colores que se encuentren alrededor o cuando se ven incluidos entre diversas tonalidades o luminancias, este efecto se conoce como **efecto de contraste** que se clasifican en dos tipos a destacar.

El contraste simultáneo

Es el efecto que se aprecia cuando se observan por ejemplo dos colores iguales en un entorno con diferentes intensidades o tonalidades. Cuando un color está rodeado por tonos oscuros como el negro, parecen tener más viveza, son más llamativos, cuando se rodean de tonos claros blancos o casi blancos, el color queda más deslucido ya que se siente más disperso. No se pueden considerar las propiedades de un color de una manera apartada, sino que se relacionan directamente con los colores que los rodean y los ojos incluso tienden a crear el color complementario del tono que se está observando, son capaces de generarlos espontáneamente y por eso, los colores complementarios parecen destacar más entre ellos al mezclarlos en pequeñas partes.

El círculo gris central de la línea superior parece percibirse con diferentes intensidades de izquierda (más oscuro) a la derecha (más claro), sin embargo todos tiene el mismo valor. En la segunda línea, se puede apreciar cómo destacan los colores complementarios entre ellos.

El contraste sucesivo

Este efecto surge cuando la vista se ha adaptado al color y brillo de una forma u objeto, influyendo directamente en lo que se percibe a continuación, es decir, se verá la misma forma pero con su color complementario.

Si se observa el punto central de la imagen de la izquierda durante un minuto, cuando se pasa a mirar el punto de la derecha, aparecerán durante unos segundos los colores complementarios de los rectángulos anteriores.

 Aplicación práctica

Observe los logotipos siguientes y defina cuál de ellos tiene más oscuro el símbolo verde de la flor que aparece en el interior y explique su relación con los colores que lo rodean.

SOLUCIÓN

Realmente, todos los símbolos interiores son del mismo color, no hay ninguno más oscuro ni más claro que otro, aunque a primera vista, el logotipo central es el que aparenta tener una tonalidad más oscura y esto es debido al efecto del contraste simultáneo, el ojo humano percibe los colores de manera distinta cuando se ven rodeados de tonalidades o intensidades diferentes. En el caso del logotipo de la izquierda, al estar rodeado de un tono verde más oscuro, hace destacar más el símbolo. En el caso del logotipo del centro, al estar rodeado de un tono amarillo claro, parece que oscurece el color interior y en el logotipo de la derecha, el color magenta que es complementario al verde en la paleta CMY, provoca más intensidad al color, aparenta ser más llamativo.

3.2. La temperatura del color

Cuando los colores que se identifican bajo una iluminación ambiental particular varían en el momento de recibir otra condición lumínica, estos reciben cambios tonales, por ejemplo una superficie roja iluminada por luz blanca, se verá roja, sin embargo si se cambia la luz blanca por una luz amarilla, la superficie se apreciará anaranjada.

El color de la luz se suele tratar por su temperatura de color, esta se expresa en Kelvin (K), una medida de temperatura que se utiliza para definir las fuentes de luz y que no se mide en grados, sino que comienza en el 0 absoluto y no se relaciona con la temperatura real de los cuerpos, sino que son los colores del espectro lumínico los que dominan sobre los demás colores alterándolos del blanco hacia el rojo o hacia el azul.

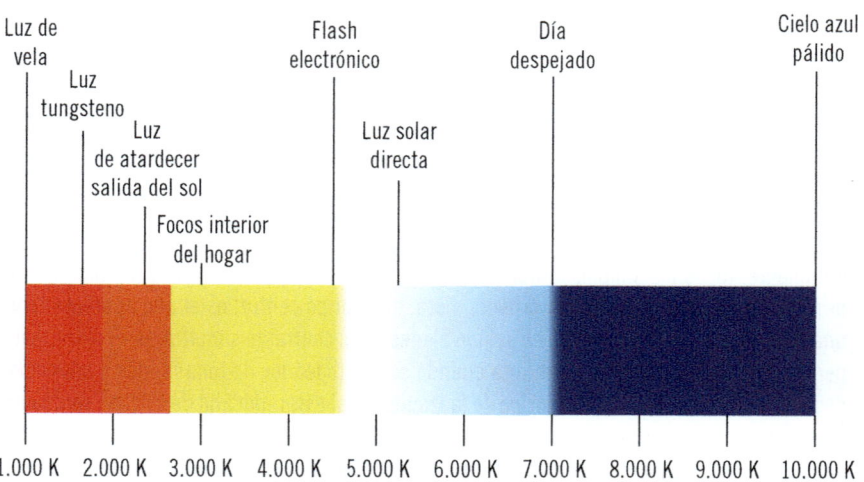

Temperatura de diferentes fuentes luminosas medidas bajo la escala Kelvin

Cuando se examinan fotografías o imágenes impresas es conveniente que las condiciones lumínicas sean adecuadas para que no afecten a la realidad cromática de los colores, siendo la más apropiada una luz neutra de 5.000 K, que es la más cercana a la luz natural diurna. Si se utilizara una temperatura de luz más elevada se apreciaría más azulada y si se bajara, se encontraría una luz más amarillenta.

De izquierda a derecha, ejemplo de cómo cambia la visualización cromática de una superficie con luz blanca, amarilla o azul

 Actividades

7. Experimente usted mismo de noche y busque en su casa una lámpara de luz blanca que pueda tapar con alguna tela que tenga un color uniforme. Apague el resto de luces y observe cómo cambian las tonalidades de los objetos que tiene alrededor al recibir el cambio cromático de luz del ambiente.

4. Instrumentos de medición del color

Como se ha podido comprobar en apartados anteriores, el color de los objetos, así como el de las fotografías o del propio material gráfico, puede variar notablemente debido a manera del ser humano de percibir las cosas, por una variación lumínica del entorno, por los colores utilizados con los programas de tratamiento de imagen o por las máquinas que se utilizan a la hora de imprimir.

Es necesario controlar estas variaciones, sobre todo cuando el trabajo que se esté realizando depende de ello y se exigen unas condiciones correctas de impresión. Hoy en día, se dispone de una serie de instrumentos que permiten ajustar el trabajo correctamente antes de enviar a imprimir una fotografía, una ilustración, un diseño gráfico, o cualquier trabajo que requiera un acabado final en perfectas condiciones de color.

4.1. Densitómetros

El densitómetro es el aparato que mide la densidad, es decir, la cantidad de luz que refleja la superficie de un documento impreso cuando se le hace incidir una fuente luminosa, es decir, permite medir la luz reflejada de un color comparándola con la luz incidente y cuya diferencia se podría entender como la luz que ese color absorbe dependiendo del espesor de la capa de tinta y de su pigmentación. El porcentaje de luz reflejada es recibida por un fotoreceptor que la compara con un valor de referencia o blanco absoluto capaz de analizar la absorción de luz de la capa de tinta.

Existen dos tipos de densitómetros para medir la densidad, los **densitómetros de transmisión,** que permiten medir la luz que traspasa mediante un material transparente y los **densitómetros de reflexión** que miden la cantidad de luz que refleja un material opaco.

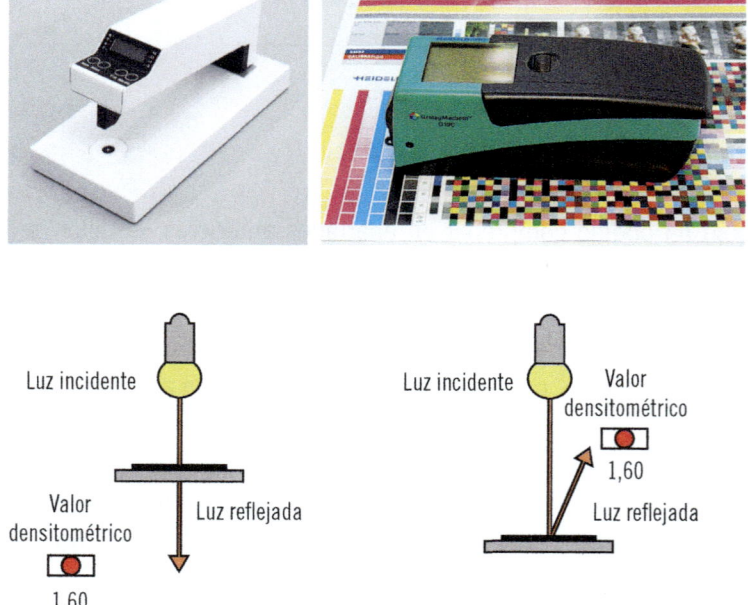

A la izquierda, funcionamiento y un modelo de un densitómetro de transmisión (© Fotografía: RaBoe. Vía Wikimedia Commons - CC BY), a la derecha funcionamiento y modelo de un densitómetro de reflexión.

Nota

Al medir en un densitómetro un tono claro, supone poca tinta en el papel, poca absorción de luz, una alta reflexión y un bajo valor densitométrico. Cuando se mide un tono intenso, supone mucha tinta, mucha absorción de luz, una baja reflexión y un alto valor densitométrico.

Los densitómetros están muy aceptados por los impresores para mantener constancia en el color que se imprime, pero están algo limitados porque se basan en una medida correcta del color CMYK, pero no son capaces de trabajar con los términos visuales de luminosidad, saturación o tonalidades como las que se pueden visualizar.

Por otro lado, cuando se hacen impresiones profesionales, lo habitual es realizar pruebas de la cantidad de tinta que se va a aplicar en el papel, ya que si la capa de tinta no es muy densa, la impresión aparecerá descolorida y si se excede esa cantidad, los puntos de semitono (puntos más pequeños de una fotografía o ilustración cuando se utiliza impresión digital) saldrían borrosos, la imagen perdería contraste, además de originar posibles problemas de secado. Es importante por tanto la utilización del densitómetro para medir la densidad de los tonos de color sólido y campos de trama que aparecen en las tiras o cartas de control.

Las tiras o cartas de control son las que permiten la medición de la calidad técnica de la impresión, son unas pequeñas áreas que oscilan de 3 a 12 mm y que se suelen imprimir en zonas no visibles del producto o imagen.

Se pueden encontrar industrias gráficas o institutos de investigación que ofrecen diferentes tiras o cartas de control como las que se pueden ver en la imagen.

 **Actividades**

8. Si le interesa ver una tira o carta de control, puede buscar entre algunos de sus productos de consumo alimenticio que tenga en casa, puede localizarlos en las zonas de pegado de las cajas o en las bases de los habituales *tetra bricks,* ya que no suelen estar visibles para no perjudicar el diseño general.

4.2. Colorímetros

La colorimetría es la técnica que explica y cuantifica la percepción humana del color. Ya se sabe que los objetos absorben y reflejan ciertas radiaciones electromagnéticas y que los colores que el ser humano ve, son la parte resultante de la mezcla de las longitudes de ondas absorbidas por la luz blanca, pero también se sabe que cada individuo puede percibir un mismo color de manera diferente, de ahí que se hayan desarrollado sistemas para la evaluación del color que se basan en la medición espectral de cada muestra.

La Organización Internacional para la Iluminación: CIE *(Comission International d'Eclairage),* creó un sistema que garantizaba la descripción exacta de los colores, es el fruto de exhaustivos experimentos sobre la percepción del ojo humano que se llevaron a cabo a principios de la década de 1930, llegando a la conclusión de que todo individuo percibe el color en función de tres curvas de sensibilidad (X, Y y Z) llamadas valores triestímulo, estas corresponden a la sensibilidad de los tres tipos de conos de la retina de unos ojos comunes. Esos valores permiten definir el color de una superficie al combinar o multiplicar las características de onda de la luz incidente con la onda de la luz que refleja dicha superficie y las tres ondas X, Y y Z de un espectador estándar.

Sin embargo, el método más conocido de la CIE es el **CIELab** creado en 1976, basado en el CIEXYZ. El CIELab define los colores mediante un parámetro para la luminosidad del color (L), otro para el verde y el rojo (A) y un tercero para el azul y el amarillo (B).

Funcionamiento de un colorímetro

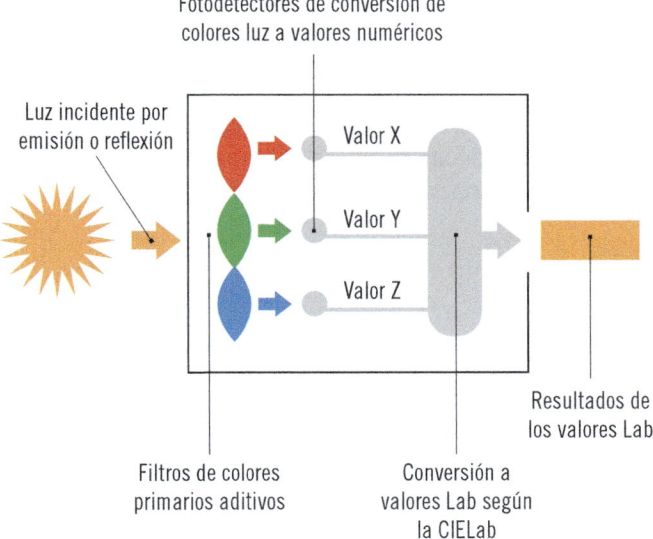

Basándose en estos tipos de medición del color, se puede disponer de los instrumentos llamados **colorímetros** que permitirán definir los colores en función de las coordenadas triestímulo y las variables LAB. Estos aparatos son muy útiles porque permiten medir o comparar el color y la intensidad de cualquier muestra física. Se suelen utilizar en diferentes sectores profesionales como los de investigación química, industrias de pinturas o tintes y también en las artes gráficas.

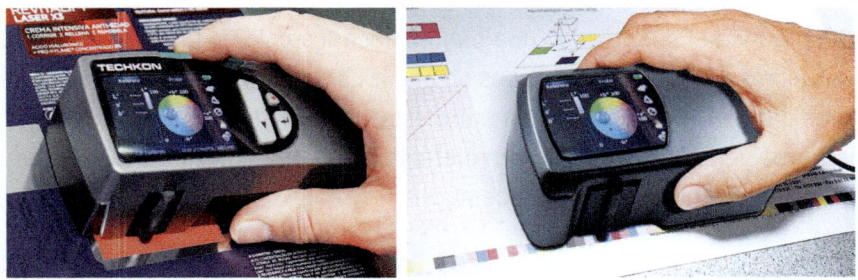

Modelos de colorímetros digitales que capturan y definen el color analizado

? **Sabía que...**

Se pueden encontrar apps como *Colorix* para *IPhone* y *Android* que se puede utilizar con el colorímetro *ColorCath NANO.* Es un recurso para decoradores o arquitectos que funciona vía *Bluetooth* y que permite medir y elegir tonalidades para conseguir la vista previa de un nuevo color para fachadas o interiores mediante esta aplicación cromática.

4.3. Espectrofotómetros

El espectrofotómetro es un instrumento que mide la composición espectral de cada color concreto que ha sido impreso en pruebas de color o directamente los que se pueden ver en la propia pantalla del ordenador. Los valores resultantes de esta medición se usan habitualmente para crear perfiles de gestión de color como es el perfil ICC.

El perfil ICC *(International Color Consortium)*, es un sistema estándar para la gestión del color que describe el espacio de color según el dispositivo, describiendo los puntos fuertes o más débiles de cada uno de ellos, además de permitir la simulación o apariencia en la pantalla o mediante copia impresa del acabado del producto final.

En ocasiones, lo que se ve en un monitor no tiene demasiada relación con lo que se ve impreso y para ello, el perfil compara el modo en que un dispositivo reproduce el color desde una pantalla con los colores impresos y ofrecerá unos valores de referencia basados en el CIELab para indicar cuáles serían los valores cromáticos. La diferencia entre estos valores será la base del perfil ICC y permitirá generar la información referente para compensar el color. Por tanto, se pueden encontrar dos clases de perfiles:

- **Perfil de entrada:** para dispositivos que capturan o leen imágenes como el escáner o la cámara digital.
- **Perfil de salida:** para dispositivos que reproducen imágenes como las pantallas, impresoras o máquinas de impresión.

A la izquierda modelo de espectro densitómetro, en el centro espectrofotómetro portátil, a la derecha espectrofotómetro de pantalla

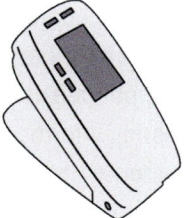 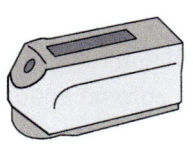 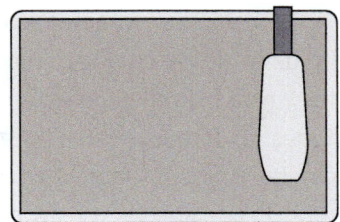

Por tanto, para que un sistema de gestión de color funcione bien con un perfil correcto de color ICC, se deben estabilizar todos los dispositivos y ahí entra el papel del espectrofotómetro ya que es capaz de simular la percepción del ojo humano y cada medición que proporciona, informa sobre el tono, la saturación o la luminosidad de cualquier muestra, independientemente del dispositivo.

 Sabía que...

También se pueden encontrar en el mercado tecnologías como la del espectrodensitómetro para crear perfiles con los mejores colores para monitores, escáneres, impresoras o transferencias de web para imprimir.

 Actividades

9. Busque en los alrededores de su lugar de residencia o trabajo, dónde está el comercio más cercano especializado en pinturas plásticas para el hogar. Entre y pregunte si están preparados con un colorímetro, densitómetro o espectrofotómetro para definir la mezcla de colores y pida información sobre su funcionamiento.

5. Luz, sombra, tonos medios

La visión humana se basa en la interpretación de la luz por los ojos, cuando la luz va desde su origen hasta la vista, es reflejada por los objetos circundantes y esta luz reflejada es la que hace percibir las imágenes que se pueden ver. Todas las formas que se aprecian en el entorno adquieren volúmenes y formas gracias a muchos factores como el de la propagación de la luz incidente natural o artificial, gracias a este hecho se forman zonas de brillos, medios tonos o sombras en los cuerpos.

5.1. Luz

Para hablar de la luz se puede empezar clasificando los elementos que emiten luz, como son las fuentes naturales del sol o la luna y por otro lado, las luces artificiales que son todas aquellas producidas por el ser humano: bombillas, focos, lámparas fluorescentes, halógenas, antorchas, velas, etc. A todos estos elementos se les conocen como fuentes luminosas. En todo momento hay que tener presente este tipo de fuente, sobre todo si el trabajo gráfico depende de las condiciones lumínicas de la fotografía que se realiza, para ello es importante que se conozcan algunas características propias de la luz.

- **Luz directa:** es la luz que se dirige desde la propia fuente de luz hacia una superficie directamente sin que se vea interferida por ningún obstáculo, suele ser una luz dura que proviene de un solo punto de luz, por ejemplo la que se recibe en un típico día soleado o la proyectada por un foco. El impacto de este tipo de luz provoca sombras muy definidas.
- **Luz indirecta:** es la luz resultante de la reflexión de otra luz sobre una superficie o la luz que surge de diferentes fuentes suaves, provocando pocas sombras.
- **Luz cálida:** es la luz que posee una temperatura de color por debajo de los 3.300 K, son luces amarillentas o anaranjadas, como la que ofrece un atardecer o el fuego, transmitiendo un estado a la relajación.
- **Luz fría:** es la luz que tiene una temperatura de color alta entre los 5.000-6.500 K, adquiere tonos azulados y es propia de días nublados o de las luces fluorescentes, es un tipo de luz que estimula y mantiene alerta por eso es propia para iluminar salas de estudio u oficinas.

- **Luz neutra:** tiene una temperatura de 5.000 K, es aproximadamente la luz diurna, se considera una luz de temperatura conveniente por ejemplo para examinar fotografías o productos impresos ya que no transfiere tonalidades de color sobre las superficies.

De izquierda a derecha y de arriba a abajo, fotografías con luz directa, luz indirecta, luz cálida, luz fría y luz neutra.

 ## Actividades

10. Observe ahora mismo su entorno, describa el color o temperatura cromática que predomina en el ambiente, defínalo y saque sus propias conclusiones de las luces que afectan a este estado cromático.

Si se trabaja directamente con cámaras digitales réflex o semiréflex, estas suelen traer incorporado un sistema de balance de blancos automático (ajuste que corrige los colores en función de las condiciones de luz) que permiten ajustar la parte más brillante de la escena como color blanco y la menos brillante como negro. Estos ajustes se pueden configurar desde el menú principal de la cámara, buscando la opción "balance de blancos".

Menú de ajustes habituales de una cámara réflex digital para controlar los valores de luz

 AUTO
La cámara ajusta tonos blancos

 TUNGSTENO
La cámara añade tonos fríos

 SOMBRA
La cámara añade tonos cálidos

 PERSONALIZADO
El fotógrafo ajusta el balance de blancos

 FLASH
La cámara añade tonos cálidos

 NUBLADO
La cámara añade tonos cálidos

 LUZ DÍA
La cámara añade tonos cálidos

 FLUORESCENTE
La cámara añade tonos cálidos rojizos

En consecuencia, al realizar fotografías, se debe tener presente la configuración adecuada de la cámara para que la imagen consiga la mejor captura lumínica de la realidad, en caso contrario, se recurrirá a los ajustes de imagen mediante programas de retoque digital que se verán más adelante en el siguiente capítulo.

 ## Actividades

11. Si dispone de una cámara digital busque en su menú principal la opción de ajuste de blancos, pruebe a disparar fotos con las diferentes opciones de ajustes de iluminancia. Compare después los resultados de la misma escena.

5.2. Sombra

Se reconoce a la sombra como una proyección oscura que proyecta un objeto que no ha traspasado una luz, se pueden distinguir entre **sombra propia** que es la que se mantiene en el propio cuerpo y localizada en el lado opuesto de la luz, la **sombra proyectada** que es el efecto consecuente de una luz directa que lo ilumina y permite ver todo su perfil sobre otra superficie y la **sombra difusa**, resultado de una luz indirecta que proyecta de una manera más indefinida la propia forma del cuerpo.

Las sombras de un cuerpo pueden ser propias (a la izquierda), proyectadas por una luz directa (en el centro) o difusas por luces indirectas (a la derecha)

Sombra propia   Sombra proyectada   Sombra difusa

Las sombras aparecen como consecuencia de la iluminación, pero también pueden ser parte de una buena composición fotográfica, hay que observarlas y saber aprovecharlas para que no sean áreas perdidas, pueden llegar a ser tan importantes como cualquier otro elemento protagonista o incluso más que la luz que lo ilumina, ya que son capaces de contrastar al máximo una fotografía y ofrecer efectos de claroscuros de lo más ocurrentes.

A la izquierda, ejemplo de fotografía con sombra proyectada. En el centro sombra propia, a la derecha sombra difusa.

Sabía que...

Las sombras no tienen por qué ser grises o negras, si se ilumina en una habitación a oscuras, objetos con diferentes luces de colores, las sombras proyectadas estarán coloreadas, todo depende de la luz incidente, del color de los objetos y de todo lo que rodee a estos elementos.

Actividades

12. Busque esta noche una linterna y enfoque diferentes objetos para estudiar las sombras proyectadas y propias, describa cómo son las que están más cerca y más lejos de la fuente de luz.

5.3. Tonos medios

Al hablar de tonos medios en una imagen, se hace referencia a todos aque-llos tonos que se encuentran entre las zonas de luz o de sombra más destaca-dos. Se suelen utilizar los términos tonos altos y tonos bajos a los valores más predominantes en claros y oscuros y todos aquellos que se encuentren dentro de esos valores serían los tonos medios.

Tonos claros	Tonos medios	Tonos oscuros

   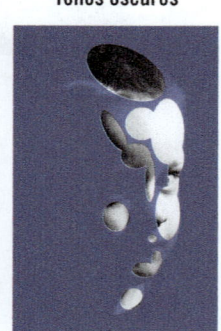

En las fotografías se pueden apreciar las zonas que marcan los tonos claros, medios y oscuros.

Cuando se habla de fotografía, los tonos medios surgen como transiciones tonales de los matices de un color, es un tono continuo. Sin embargo, cuando se utilizan medios de impresión digitales, estos no reproducen tonos continuos sino que combinan superficies impresas con otras zonas no impresas, son las llamadas **tramas de semitono** compuestas por pequeños puntos que engañan a la vista a cierta distancia, haciendo creer que el tono es continuo.

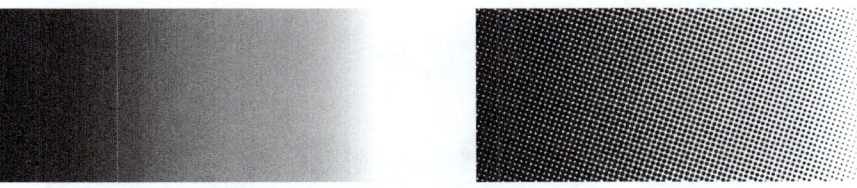

A la izquierda, una simulación de una transición tonal continua, a la derecha la misma transición tonal pero con una trama de semitono de puntos blancos y negros.

Cuando el tamaño de los puntos de semitono varía, se le conoce como **tramado tradicional o de amplitud modulada (AM),** los puntos están equidistantes pero difieren en tamaño.

Cuando los puntos son del mismo tamaño pero varía la distancia entre ellos, se le conoce como **tramado estocástico o de frecuencia modulada (FM),** este por lo general, permite una mejor reproducción de los detalles de una imagen.

 Actividades

13. Si puede localizar una gran valla publicitaria, no dude en acercarse a ella y observar los tramados, en este tipo de impresiones se aprecian mejor los puntos ya que están realizadas para verlas a grandes distancias.

A la izquierda, se puede ver una simulación de un tramado tradicional o de amplitud modulada a base de puntos equidistantes de diferentes tamaños, a la derecha una trama estocástica o de frecuencia modulada con puntos de igual tamaño pero a diferentes distancias.

 Ejercicio práctico

Describa brevemente qué se entiende como luz directa, luz cálida, luz neutra, sombra proyectada y qué son los tonos medios.

SOLUCIÓN

La luz directa es la luz que incide directamente sobre una superficie sin que se vea afectada por otro cuerpo, su origen viene de un punto de luz concreto como la luz del sol en un día soleado o la proyectada por un foco.

Luz cálida es la luz que mantiene una temperatura Kelvin por debajo de los 3.300 K, ofrece tonos amarillentos o anaranjados y transmiten un estado de relajación.

Sombra proyectada es el efecto consecuente que surge cuando una luz directa incide sobre un cuerpo, creando una forma de su propio perfil sobre otra superficie.

Tonos medios son aquellas tonalidades que se encuentran entre las zonas de luz (tonos altos) y zonas de sombras (tonos bajos). También se entienden como las transiciones tonales de los matices de un color.

Aplicación práctica

Observe la siguiente imagen e indique qué temperatura Kelvin puede tener aproximadamente y describa qué fuente de luz incide sobre los elementos principales de la imagen, además de los tipos de sombras que se aprecian y por qué.

SOLUCIÓN

En la fotografía se aprecia principalmente una luz fría, es decir, donde predominan tonos azules y grisáceos de un día posiblemente nublado y que puede oscilar entre los 7.000-9.000 Kelvin de temperatura en el espectro lumínico. La fuente de luz es el sol, es una luz indirecta que al incidir en los arcos provoca una suave silueta de sombra difusa posiblemente debido a la nubosidad y no la define tan bien como cuando el sol incide directamente sobre los cuerpos. También pueden apreciarse las sombras propias de cada columna y de las paredes de la zona izquierda, además de unas pequeñas sombras proyectadas más oscuras que arrancan de la base de cada columna.

Continúa en página siguiente >>

<< Viene de página anterior

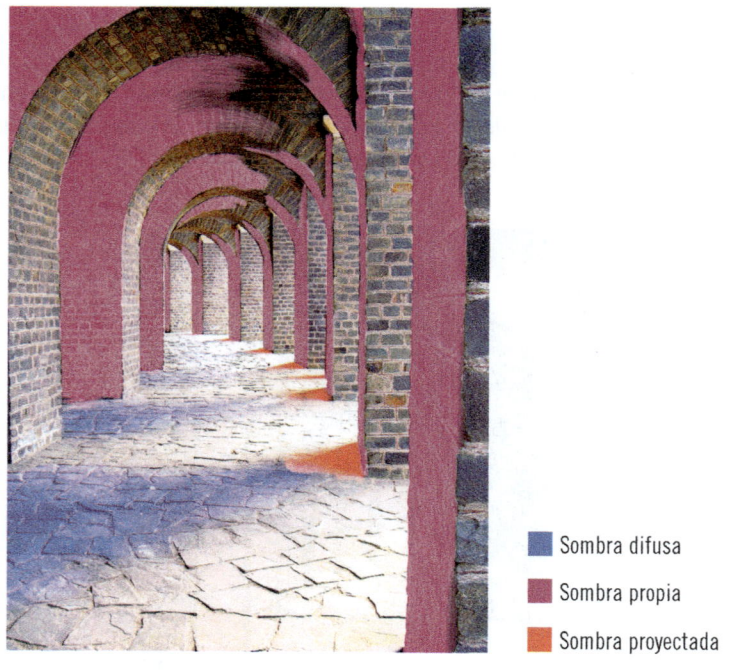

■ Sombra difusa

■ Sombra propia

■ Sombra proyectada

6. Gamas de colores

La gama de color es el grado de saturación que se puede dar a los colores mediante un sistema o dispositivo concreto, se entiende por saturación a la unidad de magnitud que define cuánta información de gris contiene un color en comparación con el color puro.

Como ya se pudo ver anteriormente, el modelo de color CIE es el que lleva el mando internacional en cuestiones de luz, iluminación, color y espacios de color, gracias a esta entidad existe una serie de normas para que se puedan hacer comparaciones entre los diversos espacios de color de los diferentes dispositivos. El modelo de color CIE se representa mediante un diagrama de cromaticidad que muestra la gama de todos los colores visibles por el ojo humano. La zona curvada del diagrama corresponde a los colores del espectro visible, por la zona del lado recto, se corresponden los colores máximos que se podrían encontrar en el espectro (los infrarrojos y ultravioletas surgirían a raíz de esa línea). En la parte interior del diagrama se encuentran los colores menos saturados, de ahí que el blanco se ubique en el centro.

Por otro lado, la CIE desarrolló el modelo Lab, un modelo más completo que se representa gráficamente como un espacio de color tridimensional. Para medir la diferencia visual entre dos colores se utiliza el valor delta-E (ΔE), que mide los cambios de matiz y densidad y para calcular el delta-E de dos colores, se necesitan sus valores L*a*b*. El delta-E es la distancia entre los dos puntos dentro del espacio de color L*a*b*. Si el valor delta-E es inferior a 1, el ojo no será capaz de percibir la diferencia entre colores. Un observador medio solo percibe diferencias superiores a 5-6 ΔE y los ojos más preparados pueden llegar a ver las diferencias a partir de 3-4 ΔE.

Diagrama de cromaticidad CIE (1931)

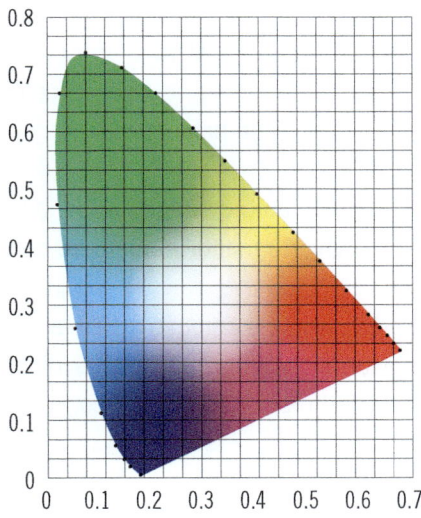

Modelo de color CIELAB

El modelo de color CIELab define los colores mediante un parámetro para la luminosidad (L), otro para el verde y rojo (a) y un tercero para el azul y amarillo (b).

Por tanto, el modelo CIELab es el modelo que se usa principalmente el sector gráfico y sobre todo cuando se precisa un color independiente del dispositivo ya que sus definiciones se basan en la percepción por el ojo humano.

La gama de color además también depende de la proporción del **espacio de color** que permite crear mayor o menor número de colores.

Cuando se habla de espacio de color se refiere a la gama máxima de colores que es capaz de crear un sistema de color determinado y cuanto más grande sea el espacio de color de un sistema cromático, mayor será el número de colores que permitirá crear.

6.1. Gama de color estándar RGB

Las imágenes que se encuentran definidas bajo el modelo RGB tienen el problema de que no se puede saber el aspecto real que va a tener, será muy notable la diferencia a la hora de verlos en monitores o impresoras diferentes. Como ya se sabe, CIElab permite describir los colores y las imágenes digitales con precisión, de ahí que surgiera la necesidad de estandarizar los valores RGB relacionándolos con un espacio de color que define el propio CIELab.

Se pueden encontrar varios estándares RGB (ColorMatch RGB, Wide gamut RGB, Adobe RGB (1998), Apple RGB, sRGB, etc.) que se aplicarán según el uso que se le vaya a dar: impresión, monitores, vídeo, cine o televisión, de ahí que se tenga que elegir el más adecuado para cada coyuntura ya que, aunque se tenga el mismo valor RGB, los diferentes espacios de color hacen que se vean como colores distintos. Se pueden por ejemplo, comparar con la medida de la temperatura, si se tiene una medida de 25 °C y otra a 25 °F, ambos tienen el mismo valor, pero no dan el mismo resultado ya que 25 °C equivalen a 3,8 °F, por tanto el mismo valor de grados cambiaría de un estado cálido a otro muy frío.

Para entender mejor las diferencias entre los espacios estándar RGB, es necesario conocer además otros aspectos implícitos que llevan dentro de ellos, como son el valor gamma o el punto blanco.

Valor Gamma

Los colores del espacio de color RGB se pueden distribuir uniformemente mediante pequeñas diferencias de color o contraste, a esto se le llama valores de gamma y pueden variar de unos dispositivos a otros, por tanto, esto no es algo propio de la imagen sino del dispositivo.

Cuando los colores se encuentran equidistantes en concepto luminosidad, el valor gamma será de 1.0, pero el ojo humano es más sensible a las áreas de colores más claras, por tanto las correcciones de gamma permiten que los diferentes espacios de color RGB ofrezcan una variación de valores gamma entre 1,8 y 2.2, rompiendo la uniformidad de las diferencias del color y sacando mayor provecho a los bits de datos que contienen las imágenes.

Simulación de las diferencias gamma

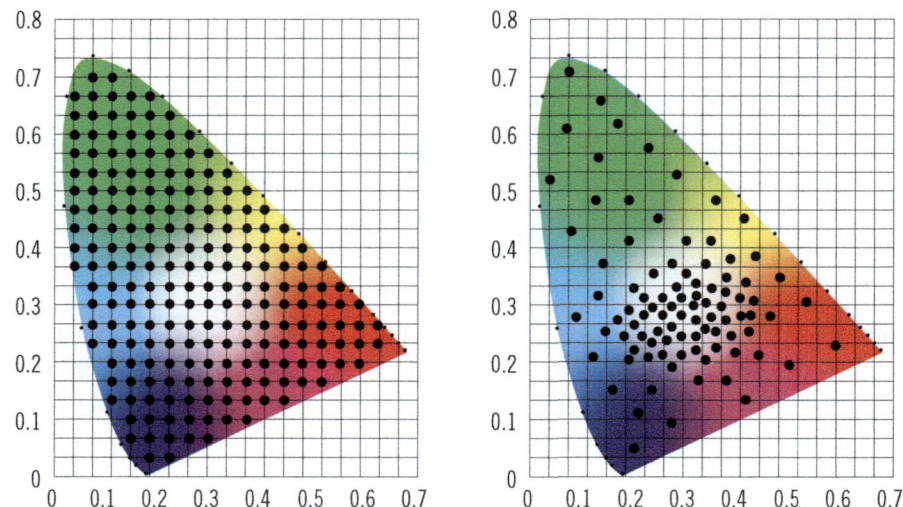

A la izquierda distribuidas uniformemente (gamma=1). A la derecha, distribuidas de una manera más compacta donde el ojo humano es más sensible, es decir, en las zonas claras (gamma=1.8-2.2).

Temperatura del punto blanco

El punto más blanco del estándar RGB (R:255 G:255 B:255) se puede representar a diferentes temperaturas Kelvin. Si se encuentra un espacio de color que lo identifica como "D50", quiere decir que tiene una temperatura de 5.000 K, si se identifica como "E", tendrá 5.400 K, "D65" son 6.500 K y "C" 6,774 K, estos dos últimos tienden a una tonalidad más azulada. Realmente los ojos se acostumbran a cualquier punto blanco tenga el valor que tenga ya que está determinado por la luz que lo ilumina. El ICC utilizó la referencia D50 como blanco para su perfil y esta temperatura es la que mejor evalúa el tono de las impresiones en papel.

6.2. Espacios de color

En *Adobe PhotoShop* o *Gimp* se incluyen diferentes espacios de color RGB estándares que permiten corregir o traducir algunos colores de un espacio a otro. Estos espacios se reconocen dentro del diagrama CIE con una forma relativamente triangular llamada *gamut*, que abarca el conjunto de colores diferentes que un dispositivo puede reproducir o percibir. Algunos de los más destacados son:

- **Adobe RGB (1998).** Es el espacio de color más utilizado en producción gráfica profesional, es bastante extenso solo unos pocos monitores están capacitados para reproducir todos los colores. Utiliza gamma 2.2 y la referencia D65 para el punto blanco.
- **ECI RGB.** Está creado por la *European Colour Iniciative* (ECI) y abarca un *gamut* cromático bastante aproximado al de Adobe RGB 1998. Gamma 1.8, D50.
- **sRGB.** Este estándar procede de la representación del color en monitores de PC corrientes empleados por *Hewlett Packcard* y *Microsoft*, pero una parte de su *gamut* queda fuera del color CMYK, por tanto su espacio cromático es mucho menor y es menos adecuado para la impresión de imágenes. Utiliza gamma 2.2 y D65. Es el perfil de color que se utiliza en internet y páginas web.
- **ColorMatch RGB.** Se basa en el espacio de color de los *monitores Radius PressView*, muy usado en producción gráfica, pero con un espacio de color también bastante reducido. Gamma 1,8 y D50.
- **Wide Gamut RGB.** Abarca un espacio de color tan extenso que incluso presenta problemas para definirlo un monitor corriente o cualquier medio de impresión. Gamma 2.2 y D50.

Distintos estándares RGB

- Espectro visible
- CMYK
- Wide Gamut RGB
- Adobe RGB (1998)
- sRGB
- ECI Rgb
- ColorMatch RGB

Los estándares RGB muestran gamut diferentes y el hecho de que se solapen, permite que puedan convertirse entre ellos sin gran dificultad.

7. Calibración del escáner, monitores e impresoras

Para una correcta calibración de los dispositivos, se debe ante todo diferenciar entre los dispositivos de entrada como son los escáneres y las cámaras digitales, los dispositivos de salida física, es decir, las impresoras o máquinas de impresión; y los dispositivos de salida para monitores. Para todos ellos se debe crear un perfil ICC adecuado e intentar conseguir que los colores se visualicen de la forma más correcta posible.

7.1. Perfiles de entrada: Escáner

Para crear un buen perfil de entrada para un escáner o cámara digital, se necesitará en primer lugar una carta de color o caracterización estandarizada que indique los diferentes campos de referencia cromática y por otro lado un *software* específico que genere el perfil de color con los valores de referencia de CIELab. Esta carta se debe escanear y a cada color se le asignará un valor RGB, vinculándolos con los colores CIELab. Cuando se tenga el resultado, este se dispondrá en una tabla que quedará almacenada en el perfil ICC.

Se pueden encontrar cartas de caracterización en papel o transparencias de las empresas más importantes fotográficas como son Kodak, Fuji o Agfa. Sin embargo, cada una de estas casas emplea distintas emulsiones de tinta, así que se deberían utilizar las cartas apropiadas a la imagen que se va a escanear. Por tanto, si se utilizan películas o fotografías de distintas marcas, es conveniente configurar el escáner con diferentes perfiles ICC.

Todas las cartas de caracterización están determinadas por el estándar ISO IT8 (ISO 12641), suelen abarcar hasta 252 muestras de color incluyendo los primarios, secundarios, terciarios y niveles de grises.

A la izquierda, la carta de caracterización ISO IT8 creada por Kodak (© Fotografía: Hugo Rodríguez. Vía Wikimedia Commons - CC BY). A la derecha, se puede observar cómo las cámaras digitales también pueden calibrarse mediante estas cartas. Abajo, el kit habitual que contiene cartas, software de configuración e instrucciones de uso.

7.2. Perfiles de salida: Impresoras

Para crear un perfil de salida para impresoras o máquinas de impresión, se necesita una carta de caracterización del modelo ISO 12647, esta no está impresa, sino que está formada por una serie de campos (más de 900) que se describen digitalmente en valores CMYK.

Esta carta se imprime y el resultado se debe medir con un espectrofotómetro, que dará unos valores CIELab, estos se vinculan con la referencia CMYK y se generará un perfil ICC.

Es posible que se encuentre una gran variedad de impresiones de color si se comparan las marcas de impresoras, el tipo de tinta, las técnicas de impresión y el propio papel. Sin embargo, si el perfil ICC generado es el adecuado para cada impresora o máquina, el programa corregirá los valores CMYK para que se obtenga un mismo resultado CIELab. Muchas máquinas de impresión profesional ya llevan el espectrofotómetro integrado, por lo que facilita enormemente mediante su *software* específico, la calibración de las mismas.

A la izquierda, tipo de carta impresa basadas en la ISO 12647. A la derecha, espectrofotómetro haciendo la medición de la carta para generar su posterior perfil ICC (© Fotografías: Ra Boe. Vía Wikimedia Commons - CC BY).

 Nota

En los perfiles ICC de impresión se debe tener también en cuenta el tipo de papel elegido y generar un perfil para cada uno de ellos. Por lo general, las imprentas suelen tener un perfil para el papel estucado (con un recubrimiento especial a base de colas para mejorar la calidad de impresión) y otro para el papel no estucado (el de fotocopias o libros).

 Actividades

14. Si dispone de un escáner, busque una fotografía de impresión de alta calidad fotográfica y escanéela. Compare los colores que le ha ofrecido su escáner con la imagen original y deduzca si está bien calibrada la entrada de imagen.

Aplicación práctica

¿Qué es la norma internacional ISOIT8 y la ISO12647? Describa sus funciones.

SOLUCIÓN

La ISO (Organización Internacional para la estandarización) tiene la función de crear una estabilidad global en muchísimos sectores. En el campo del color, existe la ISO IT8, una carta de color estandarizada que abarca hasta 252 muestras de color (primarios, secundarios, terciarios y niveles de grises) y se utiliza en los dispositivos de entrada como el escáner o las cámaras digitales. La ISO 12647, es una carta de color de más de 900 campos para dispositivos de impresión, que describen digitalmente los valores CMYK, estos deben imprimirse para compararlos mediante un espectrofotómetro, con los valores, también estandarizados CIELab, esto permitirá crear un perfil ICC correcto para la impresión.

7.3. Perfiles de salida: Monitores

Para los perfiles de salida de monitores, se aconseja utilizar un espectrofotómetro o calibrador para pantallas, que permiten ajustar automáticamente mediante un *software* propio, los valores RGB de la pantalla y los compara con los valores estandarizados CIELab. El resultado se podrá guardar en un perfil ICC. En ocasiones aunque se trabaje con dos monitores, si la calibración nunca llega a ofrecer el mismo ajuste de color, puede ser debido a las diferencias de fósforo de la pantalla o al excesivo uso y edad del monitor.

**Diferentes modelos de calibradores de pantalla
que se pueden encontrar en el mercado**

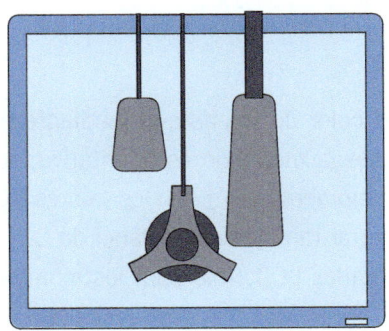

Si no se dispone de un dispositivo de calibración de pantalla, se puede hacer uso de las opciones propias del sistema operativo, esta solución hace que los colores sean más precisos pero no fiables al 100 %. En **Windows** se debe ir al menú Inicio/Panel de control buscar en la barra de búsqueda "Administración del color", se abrirá una ventana y en "Opciones avanzadas" saldrá la opción de "Calibrar pantalla" e irá apareciendo un test para que cada usuario ajuste el valor gamma, el brillo, contraste y gama grises.

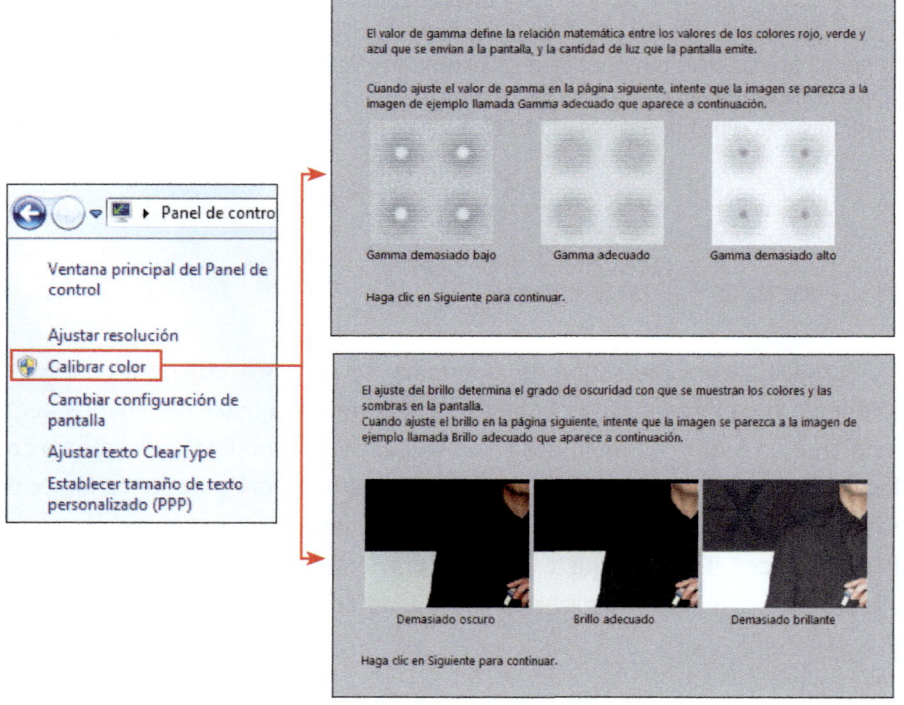

A la izquierda, opción "Calibrar pantalla" del Panel de control de Windows 10 al abrir la ventana "Administración del color". A la derecha, los diversos parámetros que van apareciendo en esta configuración.

Cuando se calibra el color de la pantalla mediante el sistema operativo, se debe tener en cuenta que la medición es orientativa, según la percepción del usuario y que en ningún momento se miden los valores RGB respecto al estándar CIELab. Se puede encontrar también en el Panel de Control del equipo, pero no es aconsejable para pantallas LCD, solo para los monitores TRC (tubo de rayos catódicos).

Nota

Las condiciones adecuadas para generar un sistema eficaz de gestión de color en el equipo, depende por un lado, de que los dispositivos (impresoras, escáneres, monitores o máquinas de impresión), estén estabilizados y calibrados mediante los instrumentos tratados anteriormente para que así generen los mismos resultados, si no es así, no servirá de nada usar los perfiles ICC resultantes.

Actividades

15. Localice en su ordenador la opción "Calibrar pantalla" y siga los pasos de configuración. Compare en la última ventana si se aprecian cambios de la calibración anterior con la actual.

8. La reproducción del color: sistemas y problemática de la reproducción del color

¿Por qué no salen bien los colores? Es la pregunta que a menudo se hace todo aquel que trabaja con colores y tintas y no consigue que las reproducciones tengan una salida de impresión correcta y supone una complicada labor solucionarlo.

El por qué se ven diferentes algunos monitores o cómo hacerlos que concuerden con la impresión final, ya se ha visto anteriormente, pero para que se pueda mejorar aún más la calidad y coherencia de configuración, hay que recordar que se dispone de dos sistemas: el sistema CMYK, es decir, el utilizado por impresoras y prensas de impresión; y por otro lado el sistema RGB de luz, utilizado por los monitores y pantallas:

- **El sistema CMYK.** Uno de los problemas que surge con este sistema es que pueden darse grandes diferencias entre los dispositivos que utilicen CMYK, incluso aunque la señal de entrada sea la misma. Si por ejemplo se utiliza una impresora láser, el resultado puede variar respecto a otra de inyección de tinta. La impresora láser utiliza tóneres que contienen polvos de color que se transfieren al papel mediante calor y las impresoras de inyección de tinta, usan tintas líquidas que se impregnan sobre la superficie del papel. De igual manera, también se pueden producir diferencias entre prensas de impresión si utilizan diferentes técnicas, diferentes tipos de tintas o diferentes clases de papel.

- **El sistema RGB.** Del mismo modo que varían los medios de impresión CMYK, los dispositivos RGB también pueden ofrecer problemas de visualización. Por ejemplo, si se va a la sección de televisores de una tienda de electrodomésticos, aunque se reproduzca el mismo canal de TV en los diferentes aparatos, se verá que las fuentes luminosas son muy variadas ya que dependen de si son modelos de plasma, LCD, LED, OLED, etc. Cada uno presenta unas características de contraste, brillos o color diferentes según su tecnología. Lo mismo pasa con los monitores de ordenador en los cuales se ven diferencias notables entre sistemas (Mac o PC), marcas o tecnologías: CRT, TFT, LED, etc. Sin ir más lejos, solo hay que ver la intensidad y viveza que muestra una pantalla de ordenador y si se le conecta un cañón de proyección se reproducirá de manera diferente debido a que los monitores utilizan pequeños píxeles y los proyectores disponen de una lámpara cuya luz atraviesa unos filtros de color.

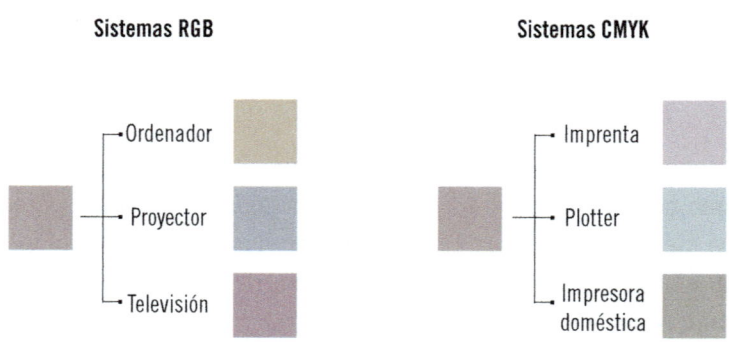

Los diferentes dispositivos RGB y CMYK, pueden ofrecer grandes diferencias cromáticas aunque reciban la misma señal de entrada, como se puede ver en la simulación de las imágenes e impresiones.

9. Especificación del color

Como se pudo ver en apartados anteriores, a partir del siglo XV, muchos artistas y científicos crearon métodos para organizar la percepción del color en modelos visuales para que tuvieran una distribución y coherencia efectiva. Hoy en día, los modelos cromáticos son de gran utilidad para diseñadores y creativos ya que les permiten relacionar el campo cromático para plasmar sus ideas. Sin embargo, de todos los modelos de color, fue el de Albert Munsell (1858-1918) el que ofrece una representación tridimensional ubicando las tonalidades puras alrededor de su ecuador. En el interior de este árbol se encontraría el eje vertical donde se coloca la escala de grises, de arriba (zona clara) hacia abajo (zona oscura), desde este eje vertical hacia el exterior de la esfera, el color va adquiriendo la tonalidad cada vez más saturada y pura.

Este sistema de color fue de los primeros que describía el color de una manera más precisa basándose en las tres características verdaderas del color: el tono o matiz, saturación y luminosidad.

Diferentes versiones del árbol de Munsell

9.1. El tono o matiz

Se llama tono a la cualidad que tiene un color, es decir, todos los colores puros que abarcan el círculo cromático, primarios, secundarios, terciarios, etc. sin mezclarlos con el blanco ni el negro. Cada tono tiene un nombre genérico como el rojo, amarillo, verde o azul, pero pueden tener muchas variaciones o matices. Por ejemplo el rosa o el burdeos se reconocen como matices del rojo.

El tono es el término que identifica y distingue un color de otro.

9.2. La saturación

La saturación del color se conoce como la magnitud de pureza que tiene un color respecto a su progresiva mezcla con grises o con su complementario. Por tanto, la saturación es la pureza o intensidad cromática de un color.

Saturados   Desaturados

De izquierda a derecha, se puede apreciar cómo baja el grado de saturación de un color a medida que se mezclan con diferentes grises.

Actividades

16. Busque entre sus revistas o en internet, publicidades que tengan colores muy saturados y otras con imágenes más desaturadas, piense y deduzca si la intensidad de esos colores evocan al contenido del mensaje publicitario.

9.3. La luminosidad

La luminosidad es la intensidad del color, también llamada valor o luminancia y determina lo claro u oscuro que puede llegar a ser un color. A mayor mezcla con el blanco, mayor luminosidad, a mayor mezcla con el negro, mayor oscuridad.

Oscuros

Claros

La luminancia de un color adquiere más oscuridad a medida que se mezcla con negro (zona izquierda) y más claridad al mezclarse con el blanco (zona derecha).

9.4. La paleta de colores HSB en los programas de retoque digital

Cuando se trabaja con colores en un programa de retoque digital como *Adobe PhotoShop* o *Gimp*, se puede elegir un color específico mediante estas tres propiedades de tono, saturación o luminosidad (Hue, Saturation, Brightness), es un modo de selección de los colores que especifica la posición en grados del color dentro del círculo cromático (H), el porcentaje de saturación (S) y el porcentaje de brillo o valor (B o V).

Para saber ubicar un color concreto dentro del círculo cromático, se puede usar como guía su posición en grados, y teniendo en cuenta que el giro completo son de 0º a 360º, esta posición correspondería al rojo, el amarillo a 60º, el verde a 120º, el cian a 180º, el azul a 240º y el magenta a 300º.

El selector de color de *Adobe PhotoShop* y de *Gimp* se encuentra en la parte inferior de la barra de herramientas. Si se elige por ejemplo el color frontal, aparecerá el selector de color.

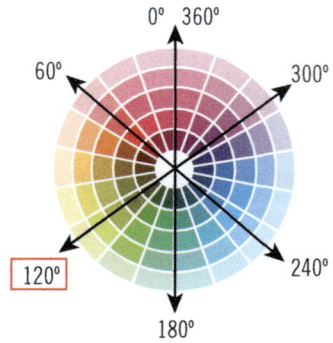

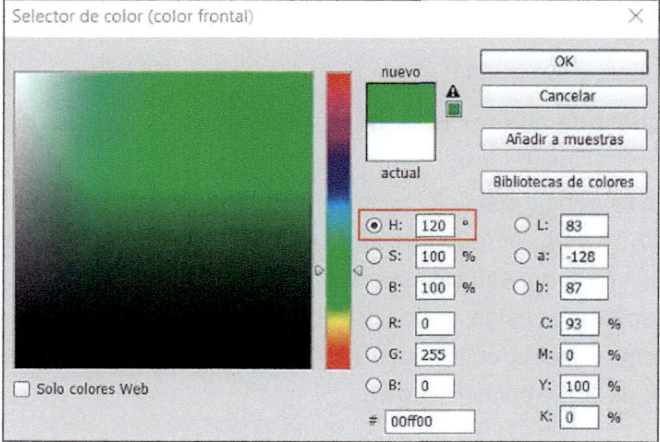

La ubicación del verde se encuentra a 120° en el círculo cromático (centro arriba). En Adobe PhotoShop se puede seleccionar el color frontal (izquierda) y aparecerá la ventana de selector de color (derecha) así se podrá indicar esa ubicación dentro de la opción H (tono).

Actividades

17. Abra una fotografía a color en su programa de retoque digital, abra la ventana de selector de color y sin cerrarla, pase con el cuentagotas por encima de la imagen, verá cómo van cambiando los parámetros de tono, saturación, brillo, RGB, CMYK y todas las opciones que aparecen en esta ventana.

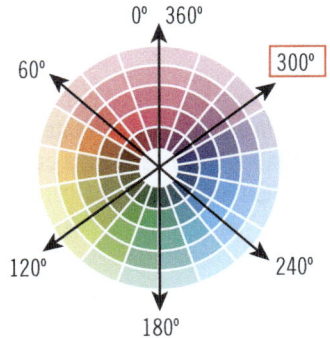

La ubicación del magenta se encuentra a 300° en el círculo cromático (centro arriba).
En Gimp también se puede seleccionar el color frontal (izquierda) y aparecerá la
ventana de selector de color (derecha) así se podrá indicar esa ubicación dentro de la
opción H (tono).

Si para ubicar el color, se localiza por su posición en grados, para configurar o definir la saturación o la luminosidad del color con alguno de estos programas, se hace por porcentaje.

El 0 % de saturación (S) indica un color totalmente desaturado (sin color), el 100 % marca toda la pureza del color. En cuanto a la luminosidad, si se coloca al 100 % cualquier color será totalmente brillante y saturado, pero para aclararlo habría que bajarle la saturación, para oscurecerlo al máximo se debería acercar al valor 100 % del parámetro de brillo (B).

Aplicación práctica

Le han pedido que rellene los huecos blancos de este cartel homenaje al artista Milton Glaser realizado por el diseñador Wade Lam, para conseguir el mismo resultado que mantiene el original. Le facilitan los parámetros correspondientes a cada hueco con valores HSB.

Los valores que corresponden a cada color son:

1			2			3			4		
H	S	B	H	S	B	H	S	B	H	S	B
11	83	87	32	75	85	5	79	77	180	26	54

5			6			7		
H	S	B	H	S	B	H	S	B
5	55	47	226	44	74	113	38	45

Continúa en página siguiente >>

<< Viene de página anterior

Piense en cómo seleccionar cada color y aplíquelo sobre el documento sin numeración. Utilice la herramienta "bote de pintura" de Adobe PhotoShop o "herramienta relleno" de Gimp para volcar el color que corresponda a cada numeración.

SOLUCIÓN

En primer lugar se debe abrir el documento con huecos blancos, en el programa de retoque digital, también se puede abrir o imprimir el otro documento de la numeración, para saber en cada momento el número que corresponde a cada espacio.

Se selecciona el color frontal de la barra de herramientas y cuando aparezca la ventana "selector de color", se indica por ejemplo los valores del espacio 1: la ubicación del tono: 11º, el porcentaje de saturación: 83 % y el de brillo: 87 %. Una vez se tenga el color, se acepta esta selección y con la herramienta bote de pintura o relleno, se vuelca el color en los huecos correspondientes al número 1.

Se repite consecutivamente esta operación con los siguientes colores hasta rellenar por completo el cartel. El resultado debe ser similar a este:

10. Las muestras de color

Las muestras de color son modelos de una combinación determinada de colores. Se utilizan cuando se van a elegir colores para un diseño o una ilustración o simplemente para elegir el color de una tipografía. En todo caso es importante saber si en el trabajo se van a utilizar colores directos, cuatricomía o ambos.

10.1. Colores directos

Los colores directos son tintas planas premezcladas que utilizan una plancha propia de impresión. Se suelen utilizar en casos especiales o dependiendo del tipo de trabajo que se quiera imprimir, por ejemplo cuando un proyecto solo va a utilizar uno o dos colores impresos o cuando se quiere que un logotipo o texto deba tener un registro de color exacto. También tiene la ventaja de que en sus cartas de color se pueden elegir colores fluorescentes, dorados, plateados o colores mucho más saturados que los que ofrece la cuatricomía. Por otro lado, el color directo también puede cubrir de tal manera que no utiliza tramas de semitono.

El sistema más utilizado de muestras de color directo es el Pantone Matching System (PMS), con 1.728 colores variados por paleta que se identifican con un valor numérico para facilitar la elección del color, también sale la mezcla de color RGB, CMYK y valor numérico hexadecimal. La carta Pantone suele estar compuesta por muestras reales impresas para distintos tipos de papel, el estucado (coated) y no estucado (uncoated), pudiendo elegir entre varios modelos de carta de color como tonos sólidos, pastel, neones o metálicos.

Pantone Matching System permite la elección de colores mediante muestras y disponen de una amplia gama tonal.

Los programas de retoque digital como *Adobe PhotoShop* disponen de esta carta de color Pantone por si se quiere hacer uso de ella a la hora de asignar un color de este tipo al trabajo. Se pueden encontrar pulsando en el color frontal de la barra de herramientas de *PhotoShop* para que aparezca la ventana **Selector de color,** ahí se puede elegir **Biblioteca de colores.** Aparecen también otros modelos de carta menos frecuentes en España como el HKS basado en 88 colores, esta es una paleta más extendida en otros países como Alemania.

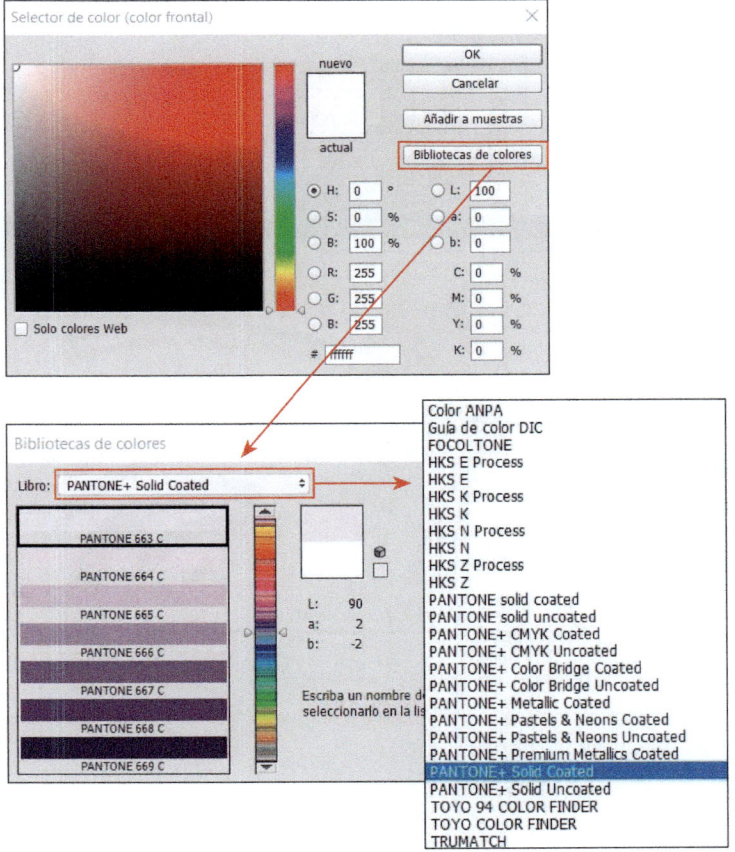

En Adobe PhotoShop se puede disponer de la gama Pantone desde la ventana Selector de color.

El *software* de uso libre *Gimp*, no lleva integrada la paleta Pantone por cuestiones legales y de licencias, de ahí que se haya creado otra similar para este tipo de programas de descarga gratuita, esta emulación de carta de color se llama

Pantano y equivale a la especificación de colores Pantone Coated, pero no es compatible con ella ni mantiene una numeración que defina cada color.

La paleta Pantano no va incorporada, deben descargarse e instalarse en el programa de uso libre que interese como es *Gimp*. Una vez instalada, se puede localizar en el menú **Ventanas/Diálogos empotrables/Paletas.**

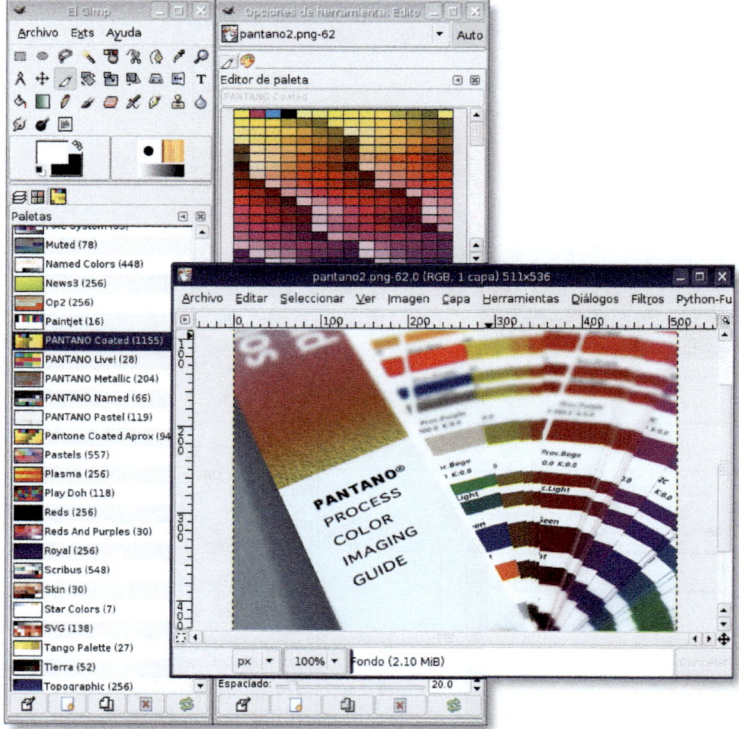

El programa Gimp no dispone de la gama Pantone, pero puede instalar una paleta muy similar llamada Pantano.

Actividades

18. Entre en la página oficial de *Pantone Matching System:* http://www.pantone.com/pages/pantone/colorfinder.aspx. Dispone de un buscador de color por número, compárelo con el mismo color que ve en su programa de retoque digital con la misma numeración.

Aplicación práctica

Si le ofrecen colores con los siguientes valores RGB:

(1) R:255, G:255, B:0 / (2) R:255, G:0, B:255 / (3) R:64, G:128, B:128

¿Qué color se visualiza en pantalla, qué posición de tono y qué porcentaje de saturación y luminosidad tiene?

SOLUCIÓN

Para poder comprobar el color que se propone, se debe recurrir a la ventana Selección de color que surge cuando se pulsa el color frontal del programa de retoque digital. Si en esa ventana se indican los valores RGB facilitados, automáticamente se indicará qué tonalidad es y los valores HSB o HSV que se necesitan.

(1) R:255, G:255, B:0. Amarillo, ubicado a 60° en la paleta, con saturación y brillo 100 %.

(2) R:255, G:0, B:255. Magenta, ubicado a 300° en la paleta, con saturación y brillo 100 %.

(3) R:64, G:128, B:128. Cian desaturado, ubicado a 180° en la paleta, con saturación y brillo del 50 %.

10.2. Colores cuatricomía

Las guías de color de cuatricomía se suelen utilizar cuando se van a utilizar más de dos colores impresos o para imprimir fotografías o imágenes en color. Estas guías están compuestas por muestras de color impresas a varios porcentajes que se van incrementando en un 10 % y conforman con gran exactitud la mezcla de las tintas necesarias para conseguir un color concreto.

Las imprentas suelen disponer de este tipo de guías y se aconseja consultarlas para asegurarse de que el trabajo se ha impreso en las mismas condiciones que ofrece la muestra.

Varios modelos de cartas de muestras de color CMYK

 **Nota**

Es conveniente saber si el impresor dispone de máquinas de impresión con más de cuatro tintas, ya que si en un mismo trabajo se utilizan colores directos y cuatricomías, el trabajo tendría que pasar una segunda vez por la máquina para imprimir el color directo y esto aumentaría el coste de impresión.

11. Colores Luz/Colores Impresos

Existen dos modos para combinar los colores con el fin de conseguir tonalidades e intensidades y se diferencian entre ellos porque una funciona mediante la mezcla los colores luz, es decir, el sistema utilizado por monitores, proyectores, televisión, etc. y el otro, mezcla los colores mediante pigmentos o tintas, es el medio que utilizan las impresoras y máquinas de impresión.

11.1. Colores Luz: El sistema de color aditivo

Es el proceso de reproducción del color que utiliza los colores primarios de luz (rojo, verde y azul) para conseguir el resto de colores. Si se mezclan las tres fuentes luminosas a su mayor intensidad, se percibirá el blanco puro; si se baja esa intensidad en alguno de los colores primarios, la suma de ellos provocará una tonalidad gris neutra. Si se apagan las tres luces, se percibirá el negro. En los ordenadores por ejemplo, a cada fuente de luz se le asigna un valor que va de 0-255, por tanto la combinación que se puede conseguir entre ellos abarca hasta 16,7 millones de colores. Mediante esta combinación, los monitores son capaces de recrear la mayoría de colores que percibe el ser humano.

El sistema aditivo del color se conoce como sistema RGB (rojo, verde y azul) y es el que se utiliza en las pantallas de ordenador, proyectores, televisores, cámaras digitales o escáneres.

Ejemplo práctico

Para entender la entrada del color luz RGB en un programa de tratamiento de imagen, se realizará una práctica donde se puede utilizar tanto el *software Adobe PhotoShop* como *Gimp*.

Se crea un documento nuevo en modo RGB de 640 x 400 píxeles de tamaño: Menú **Archivo/Nuevo.** Se indican las medidas en píxeles, por ejemplo 800 x 600 píxeles y se indica una resolución básica de 72 ppp.

Se cubre el fondo del documento de color negro con la herramienta de relleno **Bote de pintura.** Esta operación va a servir para ver cómo la luz penetrará en cada uno de los canales de color RGB.

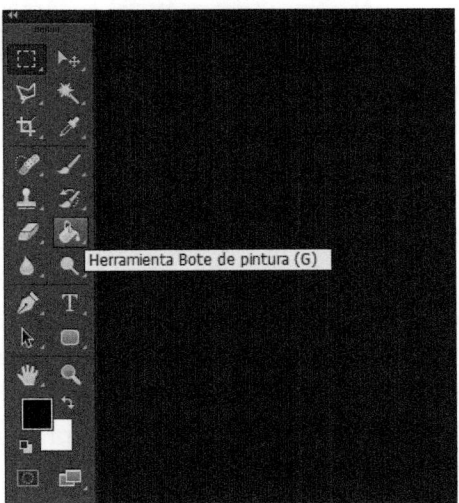

Adobe PhotoShop, se crea el documento y se rellena de negro con la herramienta Bote de pintura.

Una vez creado el documento con fondo negro, se experimentará con la ventana de canales, es decir, con los tres colores que componen la entrada de luz en una imagen digital mediante el sistema aditivo. En *Adobe PhotoShop* se recurrirá al menú **Ventana/Canales** y se visualizarán las entradas por canales de los tres colores. En el programa *Gimp,* se debe activar la opción **Ventanas/ Diálogos empotrables/Canales** y se activarán las opciones de canales de color.

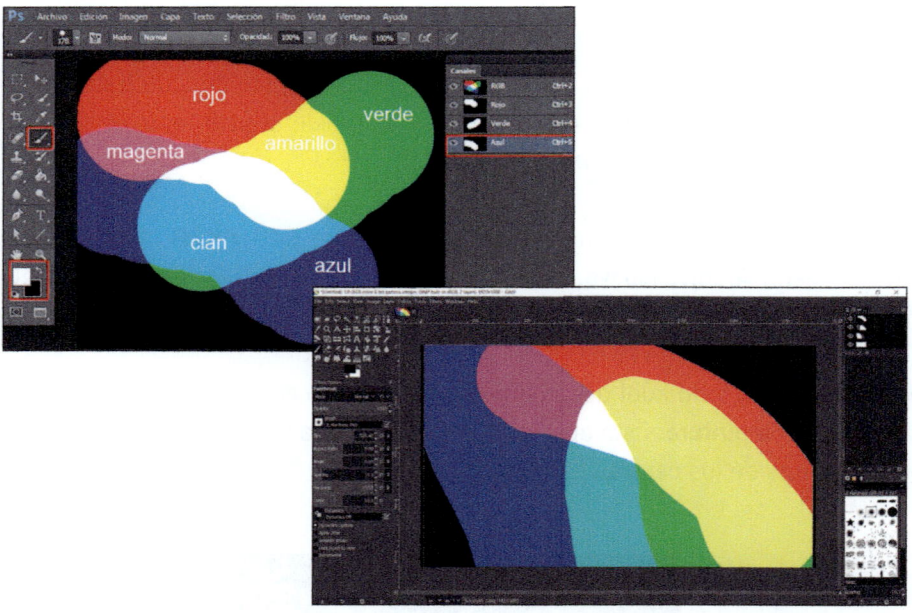

La imagen superior, representa la luz blanca que entra por cada canal RGB con Adobe PhotoShop. La imagen inferior representa la misma acción con el programa Gimp.

Una vez que se tengan las ventanas de canales de color activas, se seleccionará individualmente uno de esos canales para comprobar cómo la luz entra en cada uno de ellos utilizando una herramienta de dibujo o pintura como el pincel y seleccionando como color frontal el blanco. Al trazar sobre el documento directamente en uno de los canales rojo, verde o azul, se comprobará cómo cada luz entra dentro del sistema RGB, solo hay que volver a activar la opción **RGB** en la parte superior de la ventana de canales para visualizar el efecto que deja cada uno de esos canales.

Al combinarse los colores básicos del sistema aditivo, se puede observar cómo aparecen los colores aditivos secundarios: cian, magenta y amarillo.

11.2. Colores Impresos: El sistema de color Sustractivo

Es el proceso de reproducción de color que utiliza los colores primarios de tinta de impresión CMY (cian, magenta y amarillo) para conseguir el resto de colores. Se llaman sustractivos porque los pigmentos filtran la luz blanca que choca sobre una superficie, sustrayendo o absorbiendo los colores, excepto el de la tinta que se quiere que se refleje. Cada color sustractivo absorbe un tercio de la luz blanca y refleja los otros dos tercios sobrantes, esos tercios estarán compuestos por dos de los tres colores luz principales, es decir, el rojo el verde o el azul.

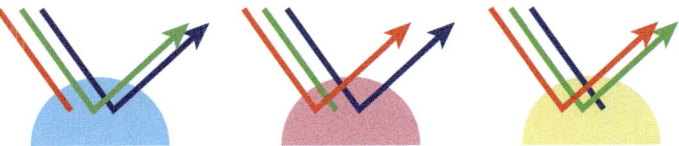

A la izquierda el rojo es absorbido por la superficie y solo se reflejan el color verde y azul que da como resultado el cian. En el centro, la superficie magenta absorbe el color verde y se reflejan el rojo y azul, que da como resultado el magenta. A la derecha, la superficie amarilla refleja los colores rojo y verde, absorbiendo el azul.

Los colores cian, magenta y amarillo están por tanto compuestos por dos de los tres colores luz, de ahí que se reconozca que los colores RGB sean secundarios de los CMY en el sistema sustractivo, sin embargo, en el sistema aditivo los colores primarios son los RGB, que al combinarlos dan como resultado sus secundarios CMY.

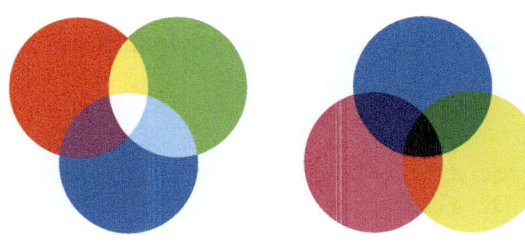

A la izquierda se observa la síntesis aditiva del color donde el rojo, verde y azul son los primarios y sus secundarios el cian, magenta y amarillo. A la derecha, la síntesis sustractiva donde los primarios son el cian, magenta y amarillo y sus secundarios el rojo, verde y azul.

Nota

En la práctica, los medios de impresión utilizan la tinta negra (K, Black) además de las cian, magenta y amarillo para complementar estos colores y dar el modo de impresión de cuatricomía CMYK. El negro se añade porque las tintas no están realmente fabricadas de una manera exacta y no se adhieren entre ellas a la perfección, de ahí que la suma de estos tres colores nos dé como resultado un color gris oscuro bastante distante al negro puro.

Actividades

19. Si realizó el ejemplo práctico anterior de la entrada de luz blanca por los canales de color con su programa de tratamiento de imagen, pruebe a imprimir ese ejemplo con una impresora de inyección de tinta o láser a color (CMYK), comprobará cómo varían notablemente los colores respecto a su pantalla, debido a que estos últimos están formados a base de pigmentos.

Ejercicio práctico

¿Qué diferencia hay entre los colores del sistema aditivo y los del sistema sustractivo?

SOLUCIÓN

Los colores del sistema aditivo son el rojo, verde y azul (RGB), son colores luz utilizados por pantallas, ordenadores, televisores, etc., a cada uno se le asigna un valor de 0-255 y combinando estos valores pueden abarcar hasta 16,7 millones de colores.

Los colores del sistema sustractivo son los utilizados por los medios de impresión por pigmentos, cian, magenta y amarillo (CMY). Cuando el color luz choca sobre un cuerpo, absorbe más o menos 1/3 del color luz, excepto el color que refleja, por ejemplo, si una superficie

Continúa en página siguiente >>

<< Viene de página anterior

magenta absorbe el color luz verde, por tanto refleja el rojo y azul para representar el magenta. De ahí que, dentro del círculo cromático se les considere colores complementarios al magenta con el verde, cian con el rojo o el amarillo con el azul.

Aplicación práctica

Observe la imagen que aparece a continuación y explique qué tipo de sistema de color se ha utilizado y cómo cree que se han podido insertar los peces de colores en este montaje suponiendo que dispone de un pincel con la forma de ese pez y tuviera que utilizar los canales de color para crearlo.

SOLUCIÓN

Los colores que se aprecian en esta composición son el rojo, verde y azul, es decir, los colores básicos de sistema aditivo RGB. En los programas de retoque digital como *Adobe PhotoShop* y *Gimp,* las imágenes basadas en este modo de color pueden visualizar la separación de colores desde la ventana **Canales,** pudiendo trabajar en cada uno de ellos independientemente. Al ser colores luz, su entrada máxima de luz se realiza insertando el blanco en cualquiera de esos canales, siempre y cuando el color de fondo sea el negro.

Si se tiene un pincel, que en vez de ser circular tiene una forma figurativa como la del pez, se puede usar en cualquiera de los canales usando el color blanco como color frontal. Al dar diferentes pinceladas en cada canal, se obtendrá un resultado similar al de la imagen.

Continúa en página siguiente >>

<< Viene de página anterior

Adobe PhotoShop

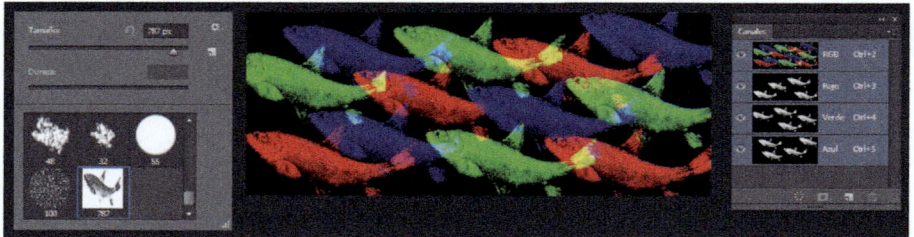

Gimp

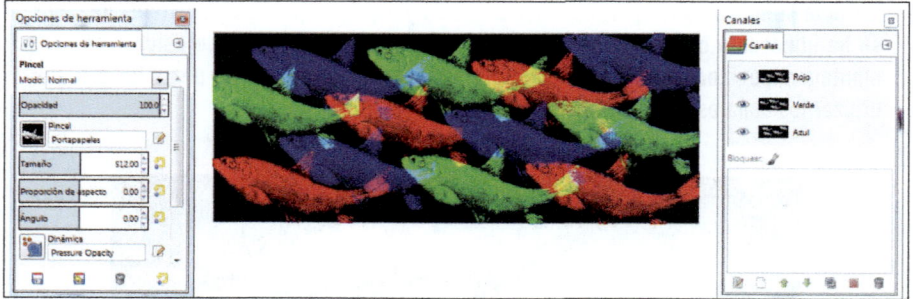

En la parte superior de la imagen se puede observar la ventana de pinceles y de canales de color en *Adobe PhotoShop.* En la parte inferior, las mismas opciones en *Gimp.*

12. Monitor/Impresora láser/Chorro de tinta/Pruebas de color/Color Offset

Otro aspecto a tener en cuenta referente al color son los sistemas de visualización e impresión digital. Cada dispositivo tiene un funcionamiento distinto y en el caso de los medios de impresión llegan a utilizar diferentes tintas, pigmentos, papeles, etc. De ahí que sea conveniente conocer cómo funcionan estos dispositivos para que el trabajo mejore notablemente.

12.1. Monitor

El monitor es el dispositivo que permite visualizar mediante una pantalla la información que suministra un ordenador. La pantalla está formada por hileras de diminutos píxeles y cada uno de ellos divididos en las tres fuentes de luz RGB (rojo, verde y azul), según la intensidad de estas tres fuentes se pueden apreciar los colores representados.

Hoy en día existen muchos tipos de monitores, a continuación se nombran los que se pueden encontrar en cualquier trabajo de imagen digital:

Los **monitores CRT** *(Cathodic Ray Tube)* suelen ser de gran tamaño y su uso está cada vez más obsoleto, difícilmente se encuentran hoy en día ordenadores con este tipo de monitores debido a su volumen, peso y a sus relativas medidas de seguridad ya que emiten radiaciones magnéticas. Están compuestos por píxeles fosforescentes que se iluminan mediante un cañón de electrones. Los monitores CRT ya no se fabrican ni venden tanto hoy en día, porque la nueva tecnología proporciona más detalles, es más eficiente en energía y tiene un gran contraste de color.

Los **monitores LCD** *(Liquid Crystal Display)* son monitores planos de cristal líquido y su tecnología se basa, como su nombre indica, en cristales líquidos polarizados y retroiluminados. Son los más utilizados actualmente para diseño gráfico o fotografía y su avanzada tecnología ha resuelto los problemas originales que mantenían de calibración.

Los **monitores OLED** *(Organic Light-Emitting Diode)* traducido al español "diodo orgánico de emisión de luz", significa que una pantalla OLED es capaz de iluminarse por sí misma sin necesidad de una fuente externa, en la que cada píxel se ilumina individualmente cuando esta recibe electricidad. Su mayor ventaja es que es capaz de generar contrastes de color más definidos y precisos, con unos negros muy profundos.

Los **monitores LED** *(Light-Emitting Diode)* traducido como "diodo emisor de luz", también se les llama monitores retroiluminados por LED y parten de la base de los monitores LCD. Estos monitores tienen una gran calidad de color e imagen, pero no tienen un buen tiempo de respuesta. Esto los hace buenos para tareas que requieren movimientos precisos como renderizar en programas de diseño 3D. Hoy día, son muy famosos en el mercado porque hay muchos beneficios de usar monitores LED, como por ejemplo, que tienen un rango de atenuación más amplio, son menos costosos, consumen menos energía y tienen una relación de contraste dinámico.

En la imagen se puede apreciar una simulación de las diferentes formas que tienen las hileras de los pequeños píxeles de cada tipo de monitor

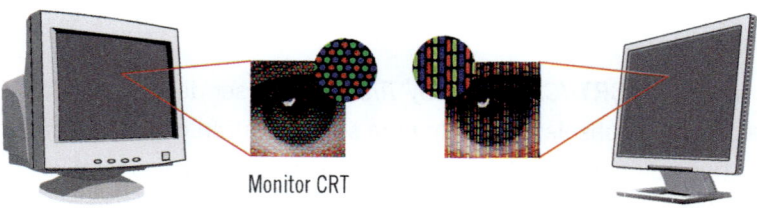

Monitor CRT

 Actividades

20. Pruebe a observar de cerca o con lupa los puntos o píxeles de color RGB de su pantalla de ordenador o de su televisor. Verá cómo se distribuyen en hileras horizontales y verticales y cómo proyectan la luz.

12.2. Impresora láser

Es un dispositivo basado en el proceso xerográfico, es decir, que funciona mediante pigmentos en polvos o tóner, es el mismo método que también utilizan las fotocopiadoras y las máquinas de impresión digital.

El proceso de la técnica xerográfica se basa en la técnica que altera mediante luz, la carga eléctrica de un conductor fotográfico. Este conductor está compuesto por un material de carga eléctrica sensible a la luz. Un tambor rotatorio se expone a un haz de luz láser que se acelera gracias a un disco de espejo octogonal también rotatorio y que refleja cada línea de la impresión. La exposición láser del tambor crea una imagen invertida y este capta gracias a su carga eléctrica, las partículas o polvo del tóner para transferirlo al papel. Para fijarlo de una manera duradera, se le aplica un calor de casi 200 ºC y después se le ajusta un pequeño prensado. Las impresoras para cuatricomía repiten esta operación una vez para cada color.

Algunas de las impresoras láser admiten una resolución de hasta 4800 dpi (puntos por pulgada) y los formatos de papel más aceptados son el A4 y A3, aunque no todos los papeles son adecuados ya que la tinta al no ser líquida no penetra en el papel por lo que se aconseja usar papeles de superficies no demasiado lisas y que superen altas temperaturas.

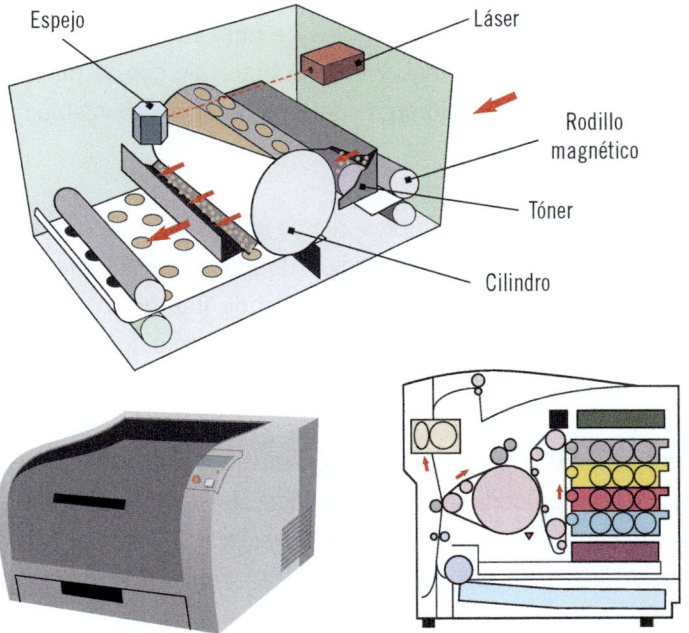

Arriba se puede ver el funcionamiento de una impresora láser, basada en el sistema de la xerografía. En la izquierda un modelo de impresora láser actual. A la derecha, la vista del interior con los cuatro tóneres CMYK.

Actividades

21. Si tiene a su disposición una impresora láser, investigue su interior y analice el sistema del tambor rotatorio, los tóneres y el recorrido que hace el papel hasta su salida. Fíjese en una de las impresiones y notará que la tinta deja relieve y brillo al adherirse al papel.

12.3. La impresora de chorro tinta

A este tipo de impresoras se las conoce también como impresoras de inyección de tinta. Son las más utilizadas a nivel doméstico o de oficinas y funcionan rociando pequeñísimas gotas de tinta sobre el papel. No suelen ser demasiado rápidas imprimiendo y mucha tirada de copias puede incrementar el precio del trabajo. Sin embargo suelen ofrecer mayor resolución de impresión (hasta 9.600 dpi).

El funcionamiento de las impresoras de chorro de tinta es a base de puntos que se disponen en filas. La resolución depende del tamaño del punto y del espacio que queda entre ellos. La velocidad de impresión también obedece a la resolución configurada, de ahí que a mayor resolución más tiempo tardará en salir la copia.

Las impresiones a base de inyección de tinta crea los colores variando la cantidad de tinta en cada gota y no es fácil conseguir tonos uniformes, sobre todo los que van del cian o del magenta hacia el blanco, de ahí que muchas de las impresoras más profesionales utilicen impresoras de seis cartuchos o colores: cian oscuro, cian claro, magenta oscuro, magenta claro, amarillo y negro. Se pueden encontrar modelos profesionales para fotografía de 8, 10 y hasta 12 tintas.

En cuanto al papel, también es un tema delicado, porque lo primero que se debe evitar es el corrimiento de la tinta, por tanto el papel debe tener la capacidad de absorción y secado rápido sin que se pierda la densidad del color. Normalmente cada fabricante aconseja su propia marca de papel, en todo caso, siempre se debe buscar un papel apto para este dispositivo, que no se arrugue y que soporte la tinta para no provocar deformaciones ni el efecto *feathering* (flecos) que es cuando una tinta se expande entre las fibras del papel como el que sucede cuando se escribe con un rotulador en un papel de periódico. El uso de papeles inadecuados en la inyección de tinta afectará negativamente en la impresión y los tonos elegidos.

A la izquierda de la imagen, un sistema de 10 cartuchos de impresora fotográfica profesional de inyección de tinta. A la derecha, modelo de impresora multifunción que además de imprimir mediante chorro de tinta, también tiene el dispositivo de escáner.

 Actividades

22. Compruebe la diferencia de impresión de una misma fotografía en los dos tipos de impresoras, inyección de tinta y láser. Utilice un papel común de fotocopiadora y saque conclusiones de los resultados que obtenga.

12.4. Pruebas de color

Las pruebas de color son los modelos que se imprimen en alta calidad, normalmente mediante inyección de tinta y sirven como una simulación previa a la impresión del trabajo definitivo que el cliente debe aprobar y firmar. Es una especie de contrato entre imprenta y cliente para que después no haya reclamaciones respecto a la calidad de impresión y los ajustes de los rangos tonales aplicados.

La prueba de color determina que todo el trabajo de preimpresión ha sido correcto y suele ser el último paso antes de mandar a imprimir el resultado definitivo. Los ajustes de este tipo de impresión se deben basar en el estándar ISO para papel y debe ser impresa mediante perfiles ICC.

Si se trabaja con colores directos Pantone, la prueba de color no podrá realizarse mediante planchas propias, sino que se imprimirá en CMYK, de ahí que sea conveniente que se convierta el proyecto en cuatricomía antes de llevar a cabo esta prueba, aun así la conversión no es del todo fiable por eso, nunca está de más disponer de la carta de colores Pantone para comparar rangos cromáticos.

12.5. Offset

El Offset es una técnica de impresión en la que la tinta se transfiere a un cilindro portamantilla que la deposita sobre el papel. Su principio básico se basa en el uso de planchas compuestas por áreas impresoras y no impresoras.

Hay dos tipos de máquinas Offset, las que se alimentan por hojas (para tiradas de 50-50.000 ejemplares) y las rotativas de papel continuo (para tiradas de 15.000-1 millón de ejemplares). Este tipo de máquinas son las más adecuadas para imprimir folletos, carteles, libros, revistas, periódicos, etc.

Es un sistema que funciona mediante rodillos y por cada color suele tener tres componentes:

- **Cilindro portaplancha.** En este cilindro se imprime la imagen en una zona imprimible que recibe una cobertura que atrae a la tinta y las zonas no imprimibles reciben una cobertura de agua para repelerla.
- **Cilindro portamantilla.** Es el cilindro donde se añade la tinta para que se adhiera a las zonas de impresión   de la plancha.
- **Cilindro impresor.** Es el que realiza la presión para que el color quede impreso, ya que el papel pasará entre el cilindro portamantilla y el impresor.

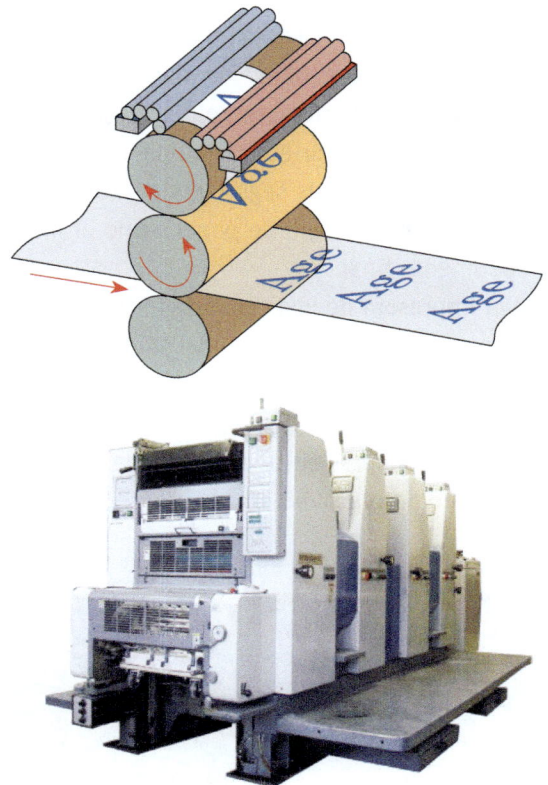

La impresión Offset funciona mediante tres rodillos como se puede apreciar en la imagen de arriba. Abajo, una máquina Offset profesional.

13. Pruebas de color/tipos/fiabilidad

Como se vio en el apartado anterior, las pruebas de color son modelos de alta calidad que sirven para confirmar la calidad impresa de un trabajo gráfico antes de hacer la impresión o tirada definitiva.

Las pruebas de color se realizan mediante varios tipos de revisión:

- **Prueba de pantalla.** Aquí se revisan página a página los textos e imágenes utilizando normalmente el documento en formato PDF para aligerar su revisión. La pantalla debe estar perfectamente calibrada mediante un perfil ICC, aunque realmente esta prueba de revisión, más que para asegurar el color, sirve para revisar la ubicación de las imágenes, la composición del texto, las ilustraciones, logotipos, e incluso la composición de párrafos, las sangres, la ortografía, etc.

- **Prueba de impresora láser.** Si se hace una impresión del trabajo en láser, tampoco es el medio más seguro como prueba de control final ya que puede cambiar tanto el tipo de papel como el medio de impresión respecto al documento final.
- **Prueba de color impresora de inyección de tinta.** Es el medio más fiable de reproducción previa. Se puede mandar a imprimir directamente a la impresora usando los ajustes de alta calidad para un papel de estándar ISO o utilizar la impresora para simular cómo quedaría el resultado mediante una prensa de impresión. Cualquiera de estas salidas se realiza en la impresora mediante perfiles ICC.

Ejemplos de diferentes modelos de pruebas de color que se pueden recibir de las imprentas profesionales.

Para todo trabajo profesional se sugiere hacer pruebas de color, ya que no se podría reclamar nada respecto a este asunto si no convence el resultado final. Las pruebas de color siempre deben llevar **tiras de control** que verifiquen técnicamente el color y así comprobar dónde se encuentra el fallo.

Aplicación práctica

Si después de realizar un diseño de cartel con los programas de diseño gráfico porque se quiere presentarlo ya impreso a un concurso de carteles, suponiendo que se tiene bien calibrada la pantalla y además se han utilizado tanto colores Pantone como CMYK, ¿qué condiciones de impresión le indicaría a la imprenta para que la impresión sea correcta en color? ¿Cuál cree que debería ser el proceso de prueba de color que debería hacer el impresor?

SOLUCIÓN

Cuando se lleve a imprenta un trabajo para imprimir y que es importante en su salida de color, es conveniente que se pida una prueba de impresión previa al trabajo definitivo. Si el trabajo lleva incorporados colores Pantone, se debe convertir a CMYK para la prueba de impresión, ya que no se suelen realizar pruebas de color con planchas propias y sería muy costosa esta propuesta.

La imprenta debe gestionar los perfiles ICC adecuados en una impresora profesional de inyección de tinta para realizar la prueba de impresión y elegir un papel adecuado, similar al tipo de impresión final que se está solicitando. En la prueba de color, deben aparecer tiras de control de color para que se puedan comprobar los colores CMYK mediante un espetrofotómetro y para que este proporcione unos valores CIELab y se vinculen con los valores CMYK y así generen un perfil correcto ICC.

Si el resultado de este proceso parece adecuado, se dará el visto bueno a la imprenta para que lleve a cabo la impresión definitiva. En caso contrario, deberían ajustar de nuevo la impresora a los valores CMYK para crear un nuevo perfil de color.

Actividades

23. Si tienes opción a visitar una imprenta, pregunte si disponen de algunas pruebas de color y a ser posible, si disponen de alguna prueba que tuviera algún fallo y otras corregidas para poder compararlas con la impresión final.

14. Resumen

Los temas tratados en este capítulo son los principales aspectos teóricos y prácticos para llevar a cabo una correcta interpretación y gestión del color para su uso con medios digitales. Los orígenes sobre su estudio han servido como base al conocimiento de cómo se producen los colores, cómo se definen y cómo se ha llegado a identificar cada uno de ellos gracias a los sistemas tradicionales de Newton, Goethe o Munsell. Además, se ha podido comprobar, la complejidad del ojo humano, un órgano que percibe el espectro cromático de maneras muy diferentes según la iluminación, la temperatura o la cercanía de otros colores, algo imprescindible que debe conocer todo diseñador o ilustrador para que las combinaciones cromáticas que utilice, transmitan los efectos y sentimientos deseados.

Para conocer de una manera más exacta cada color y asegurar cómo se interpretan o representan, ha sido indispensable conocer los instrumentos que actualmente facilitan su lectura y fiabilidad. En este campo, las nuevas tecnologías desarrolladas para este control y los estándares de sistemas internacionales como el CIE o los perfiles ICC, los espacios de color, los estándares RGB, etc. hacen que se mantenga una unidad de visualización e impresión lo más correcta posible, se usen los dispositivos que se usen, monitores, escáneres, impresoras, máquinas de prensa, etc.

Todo este campo de la colorimetría y estudio del color es la base para todo trabajo que requiera el uso de imágenes, ya que a partir de aquí, se dará una explicación y justificación a todos los medios con los que habitualmente se trabaja.

Ejercicios de repaso y autoevaluación

1. **¿Cómo se llaman las ondas electromagnéticas que se encuentran fuera de los tonos rojos?**

    a. Ondas ultrarrojas.
    b. Ondas infrarrojas.
    c. Ondas ultravioletas.

2. **Isaac Newton fue uno de los primeros que dijo que...**

    a. ... la luz se descompone en 7 colores.
    b. ... cada cuerpo tiene un color propio, indiferente a la luz que le incida.
    c. ... la luz se descompone en sombras de colores.

3. **Sopa de letras. Busque los 8 principales colores entre primarios y secundarios que son reconocidos en las mezclas pictóricas, de impresión o colores luz.**

R	B	O	R	H	V	C	I	R	M	G	V	J
N	D	X	N	Y	E	I	A	S	R	E	I	O
A	A	R	I	A	M	A	R	I	L	L	O	M
R	E	O	L	Z	T	N	Z	L	A	O	L	B
A	L	J	N	U	A	I	V	E	R	D	E	H
N	Y	O	U	L	T	R	U	B	P	I	T	N
J	P	C	A	K	M	E	W	Q	R	F	A	O
A	D	E	J	M	A	G	E	N	T	A	A	M
T	G	O	U	A	C	H	E	J	O	G	S	P

4. **Complete las frases.**

El ojo humano tiene unos órganos sensibles a la intensidad de la luz que se llaman
_____ y que actúan principalmente en espacios oscuros.

Los órganos del ojo que son sensibles al color y perciben la luz roja, verde y azul, se
llaman _____.

5. **Indique si las siguientes afirmaciones son verdaderas o falsas.**

    a. La percepción del color es igual para todas las personas.

        ☐ Verdadero
        ☐ Falso

    b. El efecto de contraste que da un mismo color cuando se rodea de tonos de
       diferentes intensidades, se llama contraste simultáneo.

        ☐ Verdadero
        ☐ Falso

    c. El perfil ICC es un sistema de color internacional que describe el espacio
       de color, según el dispositivo de impresión.

        ☐ Verdadero
        ☐ Falso

    d. Un color saturado es un color apagado mezclado con grises.

        ☐ Verdadero
        ☐ Falso

6. **La organización internacional que creó un sistema que describe los colores de la
manera más exacta mediante experimentos realizados sobre la percepción del ojo
humano y los estímulos que ofrecen los tres tipos de conos, se llama:**

    a. ICC
    b. CMM
    c. CIE

7. La luz considerada más neutra como la luz natural diurna, tiene una temperatura de:

    a. 3.000 K
    b. 5.000 K
    c. 7.000 K

8. El instrumento que mide la densidad del color impreso se llama:

    a. Densímetro
    b. Densitómetro
    c. Densicolorímetro

9. Rellene el siguiente CRUCIGRAMA.

HORIZONTALES:

    1. La sombra resultante cuando una luz directa incide en un cuerpo.
    2. Los tonos más bajos de un color.

3. La luz que deja sombras difusas por llegar de rebote como reflexión o por tener una expansión suave.
4. Luz de alta temperatura que adquiere tonos azulados.
5. Luz de baja temperatura que adquiere tonos amarillentos, anaranjados.
6. Luz de 5000 K, perfecta para examinar fotografías o productos impresos.
7. Abreviatura de los puntos de semitono de amplitud modulada.

VERTICALES:

1. Impresión de una sucesión de tonos sin continuidad, es decir, a base de puntos impresos y no impresos para conseguir el efecto de tono continuo.
2. Tipo de sombra que es consecuencia de la incidencia de una luz indirecta o lejana sobre un cuerpo.
3. Tipo de sombra localizada en el objeto y que se encuentra en el lado opuesto de la luz que incide sobre ese cuerpo.
4. Luz dirigida con un foco o la que proviene de un punto de luz determinado e intenso como el que desprende el sol un día soleado, marcando sombras muy definidas.
5. Tonos que se encuentran entre los claros y oscuros.
6. Los tonos más altos con mayor luminosidad.

10. Las pequeñas diferencias de color y contraste que existen en el espacio RGB se llaman:

    a. Valor de color
    b. Gama de color
    c. Valor Gamma

11. Complete la siguiente frase.

El conjunto de colores que se reproduce o percibe dentro del diagrama CIE se representa mediante el _____ que abarca el conjunto de colores diferentes que un dispositivo puede reproducir o percibir.

12. Las cartas de caracterización de color para escáner están determinadas por el:

    a. ISOIT8
    b. ISO8ASA
    c. ISO1288

13. Complete la siguiente frase.

El término que identifica y distingue a un color de otro se llama _____.
La magnitud de pureza de cada tono se conoce como _____ y la
intensidad o valor de luminancia se llama _____.

14. El sistema más utilizado de color directo de muestras es el:

    a. Pantone Matching System (PMS)
    b. Pantano Colors (PC)
    c. Pintoma System Colors (PSC)

15. Complete las siguientes frases.

    a. Las impresoras basadas en el sistema de cuatricomía rociando pequeñas gotas de tinta distribuidas en filas y pueden ofrecer la mayor resolución impresa de una imagen, se llaman impresoras de _____
_____.

    b. Las impresoras actuales basadas en el proceso xerográfico de tóneres con pigmentos, son las _____.

    c. La técnica o máquina de impresión profesional que funciona a base de rodillos y utilizada para grandes tiradas de ejemplares se llama _____.

Capítulo 2
Tratamiento de la imagen

Contenido

1. Introducción

El tratamiento de imágenes consiste en la edición y manipulación de fotografías o dibujos mediante una serie de herramientas o comandos propios de los programas específicos para el retoque digital, dando lugar a nuevas composiciones gráficas, a una gran creatividad y sobre todo una destacada mejora de todo trabajo gráfico que se plantee, pero se debe tener en cuenta que cada proyecto es un nuevo propósito y no se pueden generalizar las características o aplicaciones que rodean por ejemplo a una imagen fotográfica en mapa de bits, como las que se pueden utilizar para dibujos gráficos vectoriales. Todo es combinable, pero se debe aprender a distinguir qué es lo más conveniente utilizar para cada necesidad. Un diseñador gráfico por ejemplo, puede hacer uso de fotocomposiciones y para ello necesitará conocer indiscutiblemente el manejo de los trazados o de las capas, sin embargo un fotógrafo profesional puede que solo necesite conocer cómo aplicar ajustes de iluminación, contrastes o filtros de color a su fotografía, por tanto el tratamiento de imágenes abarca varios campos que serán de gran utilidad tanto en proyectos gráficos publicitarios, ilustraciones, diseño web o fotografía profesional.

En este capítulo se hace una introducción al uso de estos programas para familiarizarse con los comandos y propiedades más elementales de cualquier tratamiento de imagen. Es indispensable que se disponga de un *software* específico como *Adobe PhotoShop* o *Gimp* para poder llevar a cabo las actividades prácticas y prestar gran atención al uso de las herramientas, ya que la calidad de acabado dependerá del buen uso de estas.

2. Edición de imágenes, *software,* formatos

Cuando se habla de edición de imágenes, se hace referencia a todos aquellos programas o *software* que permiten abrir documentos gráficos, fotografías o dibujos y permiten tratar, retocar, restaurar, transformar, fotocomponer, almacenar, etc. con la ayuda de una serie de herramientas específicas en cada *software.*

2.1. La edición de imágenes

La edición de imágenes es el sistema que se utiliza para tratar las fotografías realizadas con una cámara digital, las descargadas de internet o escaneadas mediante un dispositivo de captura. Normalmente son imágenes bitmap, es decir, que trabajan en mapa de bits, también conocidas como imágenes *rasterizadas*, es decir, compuestas por una serie de puntos de color o píxeles *(picture element)* dentro de una matriz *(raster)*, que son los que definen su tamaño, calidad y color de la imagen.

El píxel es la unidad mínima en la que se divide la retícula de una pantalla y su color es el resultado de la combinación de los tres colores primarios de la luz, el rojo, verde y azul (RGB), están compuestos por unos valores de color y luminancia propios y el conjunto de esos píxeles forman la imagen total. Según la cantidad de píxeles incluidos en el mapa de bits, se determina la calidad de la imagen.

Si se aumenta bastante la escala de visualización de una imagen en mapa de bits, se pueden apreciar los píxeles o puntos de color que componen la fotografía.

Otra manera de representar, procesar o codificar las imágenes es mediante gráficos vectoriales, este tipo de imagen se representa con trazos geométricos que se controlan con cálculos y fórmulas matemáticas tomando como referencia algunos puntos de la imagen para poder construir el resto.

Los vectores, no disponen de píxeles, tienen la ventaja de que trabajan con dimensiones relativas y los elementos de los que están compuestos son totalmente escalables, sin que esto afecte a la calidad de la imagen y así no producen pérdida de información. Sin embargo, el sistema de edición de imágenes vectoriales no es adecuado para representar imágenes de tipo fotográfico, ya que provocan la pérdida de profundidad de color, convirtiendo la imagen en un conjunto de formas independientes que representan el total de la imagen perdiendo el aspecto realista original.

Los programas que utilizan la edición vectorial, son adecuados para el dibujo, la ilustración o la edición de textos, pero las imágenes fotográficas se suelen tratar en mapa de bits.

Si se aumenta bastante la escala de visualización de una imagen en mapa de bits, se pueden apreciar los píxeles o puntos de color que componen la fotografía.

2.2. Software

El *software* es el programa que realiza las tareas específicas para llevar a cabo la edición y tratamiento de las imágenes. Se puede distinguir entre dos tipos de programas.

- **Programas de uso comercial.** Es un *software* con propietario y solo se debe usar bajo una licencia comercial para tener derecho a su utilización. Para conseguir esta licencia, se deben pagar unos costes a la empresa comercial que lo distribuya. En el mercado actual de *software* para el diseño, la empresa que más comercializa estos programas es *Adobe*, y concretamente para el procesamiento de imágenes, el *software Adobe PhotoShop* que funciona tanto en el entorno Windows como Mac OS.
Otras alternativas, si se desea adquirir una licencia de uso, son los programas *PaintShopPro* de la empresa Corel para Windows o el *software Pixelmator* para Mac OS o Affinity Photo para Windows, Mac OS y IpadOS.

En la imagen se pueden ver diferentes paquetes de software gráfico de uso comercial y sus diseños de interfaz gráfica.

- **Programas de uso libre.** Es el *software* que funciona bajo una licencia libre y gratuita, su instalación y uso está al alcance de cualquier empresa o usuario. El más estandarizado y completo que se puede encontrar hoy en día es el programa *Gimp*, aunque existen otros menos conocidos que también disponen de potentes herramientas de retoque y tratamiento de imágenes como son *PhotoFiltre, Photoscape, Fotografix, SunlitGreen, Pixlr Editor & Express* o *Photopea*.

Software de tratamiento de imágenes de uso libre

Cada empresa o persona decide qué tipo de *software* utilizar según el precio, los negocios, soporte o funciones que ofrezcan estos programas. A lo largo de este material, se verá principalmente el uso de las herramientas de **Adobe PhotoShop** y de **Gimp** ya que son los programas más habituales de uso a nivel profesional y de usuario.

 Actividades

1. Busque en internet las páginas oficiales de descarga de los programas de uso libre, pruebe a instalarlos y compare sus diferentes diseños de interfaz, saque conclusiones de los que resultan más manejables e intuitivos.

2.3. Formatos

Los formatos de archivo de imagen son documentos con diferentes extensiones que permiten almacenar las imágenes según la finalidad que se le vaya a aplicar. Las imágenes basadas en píxeles, tienen numerosos formatos de archivos y muchos de ellos ya se han convertido en estándares más o menos aceptados y reconocidos en el sector. La diferencia entre ellos puede diferir principalmente en el modo de color que es capaz de gestionar o de la cantidad de opciones que aceptan. Los formatos más habituales son:

- **PSD** *(PhotoShop Document).* Es el formato propio de *Adobe PhotoShop*, aunque puede también editarse en *Gimp* y es el que se suele utilizar a lo largo de la edición de una imagen o fotomontaje. Permite almacenar todas las propiedades aplicadas por el programa como son las capas, canales alfa, transparencias, máscaras, etc. Acepta tanto archivos de 8 como de 16 bits por canal, una gran ventaja principalmente para el retoque de imágenes fotográficas.
- **XCF** *(eXperimental Computer Facility).* Es el formato propio del programa *Gimp,* de hecho, solo puede trabajarse con su *software,* aunque permite continuar la edición del archivo de imagen manteniendo intacta la calidad original del documento y los elementos o aplicaciones propias del programa como las capas, transparencias, etc.
- **TIFF** *(Tagged Image File Format).* Es un formato de imagen basado en píxeles, compatible con Windows y Mac OS. Permiten integrar perfiles ICC y también aceptan 16 bits por canal de color, así como el almacenamiento de capas, máscaras, canales, etc. al igual que el PSD.
- **JPG** *(Joint Photographers Experts Group).* Es uno de los formatos más utilizados, principalmente por su compresión de imagen sin que suponga una pérdida excesiva de información. Es el formato más frecuente en las cámaras digitales y para realizar transferencias de fotografías en la red. Es un formato de almacenamiento final, pero no es adecuado para continuar una edición de imagen ya que no mantiene las capas utilizadas, ni las transparencias o las máscaras que se hayan ido aplicando al montaje. Además, se debe tener cuidado porque cuando se guarda una imagen en formato JPG, esta será nuevamente comprimida.
- **GIF** *(Graphic Interface Format).* Es un formato que se utiliza principalmente para el uso en páginas web, mantienen un modo de color indexado

máximo de 256 colores, permite guardar transparencias y almacenar pequeñas animaciones, aunque no es el más adecuado para trabajos gráficos de impresión o fotografía profesional debido a su baja calidad cromática.

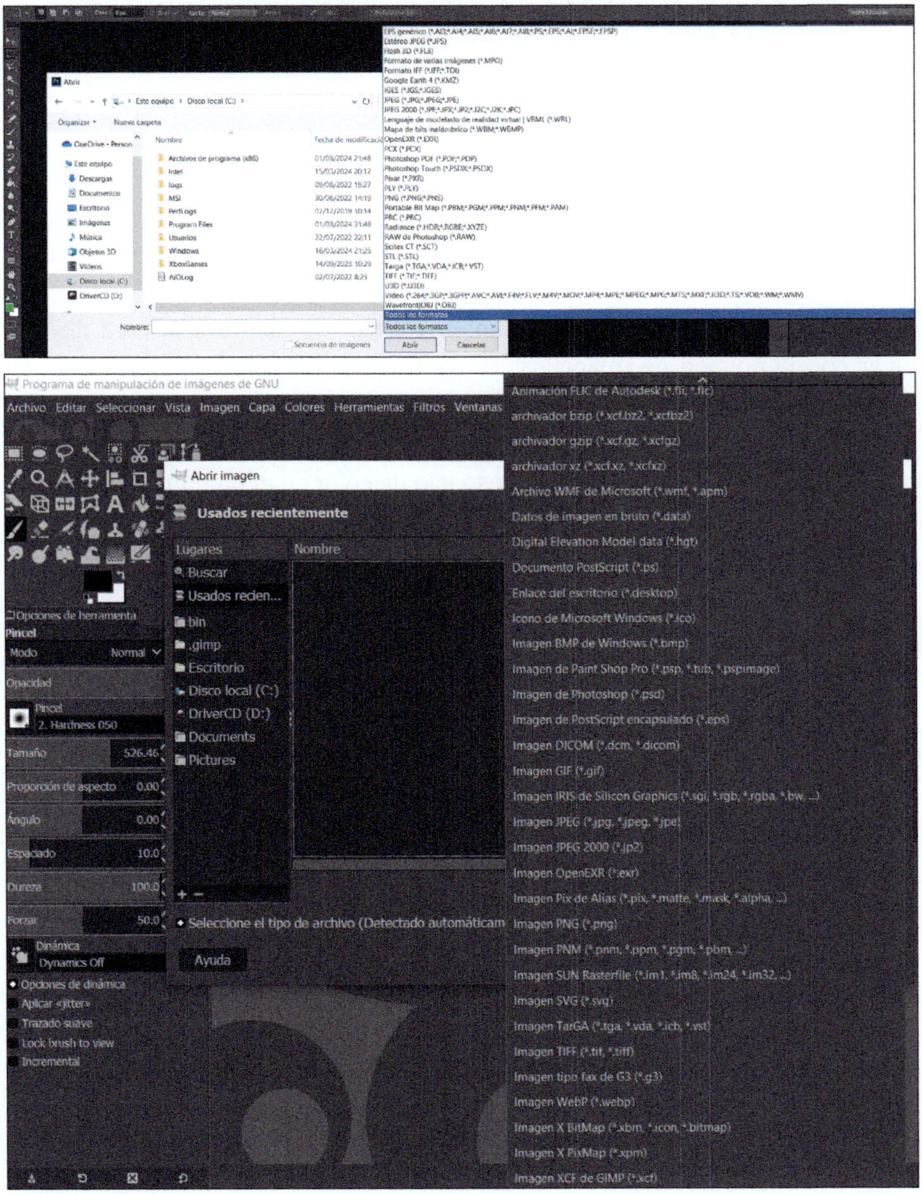

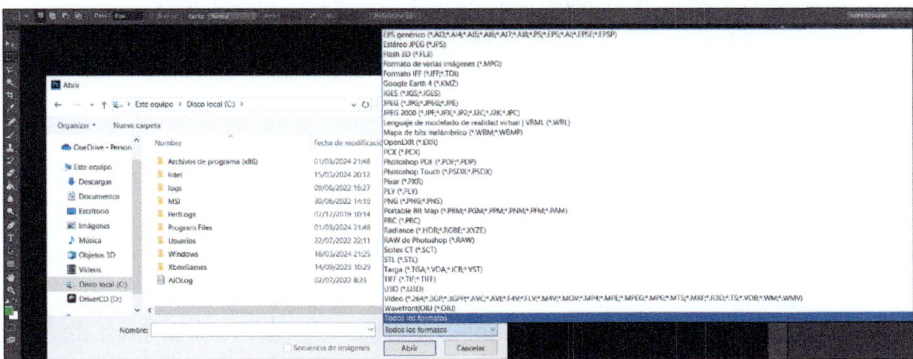

Para consultar los tipos de formatos que acepta el software de tratamiento de imagen, se pueden ver en la ventana que surge al abrir el documento (menú Archivo/Abrir). En la parte superior, ventana de los tipos de formatos en PhotoShop, en la inferior los tipos para Gimp.

Actividades

2. Si hace una búsqueda en internet con la referencia "formatos de imagen", comprobará la enorme variedad de formatos que permiten gestionar la edición de las imágenes digitalmente. Haga una selección y clasifique los más destacados que se basen en píxeles y los que trabajan con gráficos vectoriales.

3. Tamaño, resolución, espacio de color

Uno de los factores más importantes a tener en cuenta a la hora de trabajar con la edición de imágenes, es controlar el tamaño y resolución de la imagen desde los diferentes dispositivos, ya que las dimensiones que se ven en pantalla, no tienen una escala real de impresión y por otro lado, también es conveniente controlar la gestión del espacio de color en el programa con el que se trabaje, de esta configuración dependerá la salida de color correcta de las imágenes o fotomontajes.

3.1. El tamaño

Al hablar de tamaño, se debe considerar por un lado el tamaño en píxeles de la imagen editada, esta es la que realmente se visualiza en pantalla, ya que los monitores representan las imágenes en base a la resolución configurada por la tarjeta gráfica del equipo.

Se puede conocer la configuración de pantalla en Windows desde la configuración: **Inicio → Configuración → Sistema → Pantalla.**

Si se trabaja con el sistema operativo Linux, hay que ir al menú **Configuración de sistemas/monitores.**

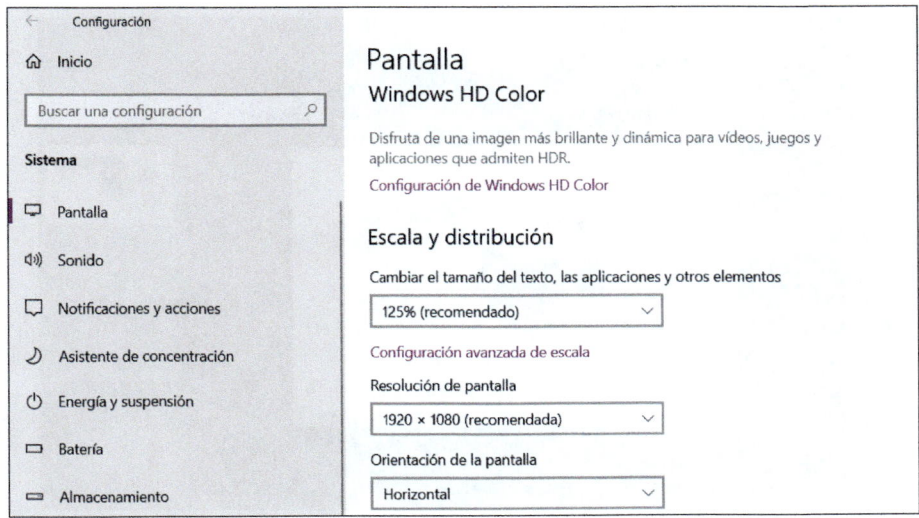

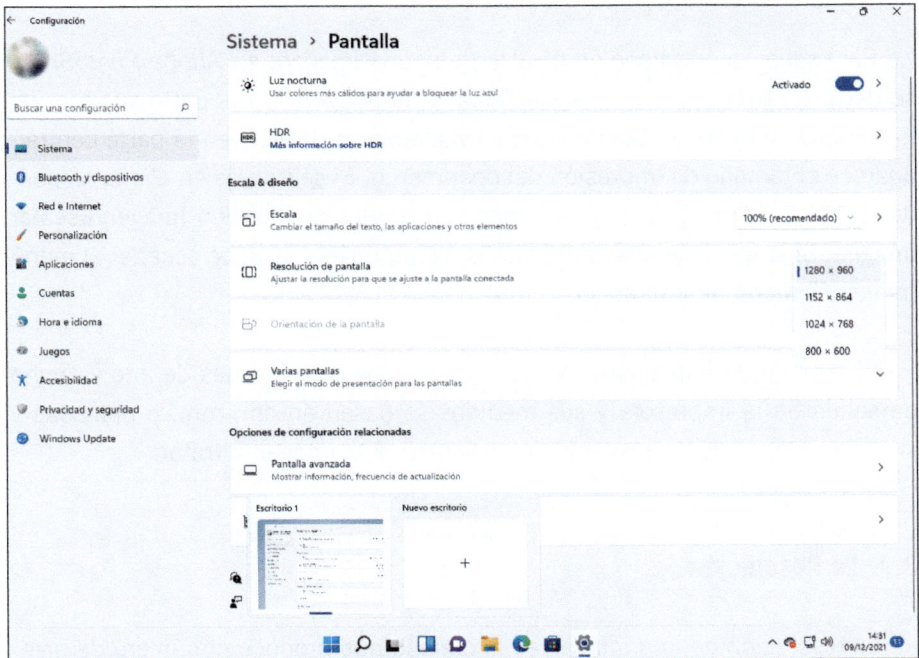

Ventanas de configuración de resolución de pantalla en Linux (arriba), Windows 10 y 11

Si por ejemplo la pantalla tiene una resolución de 1280x800 píxeles, hace que una imagen de 800x500 píxeles abierta en un programa de edición de imágenes, se pueda ver a su escala real 100 % de pantalla.

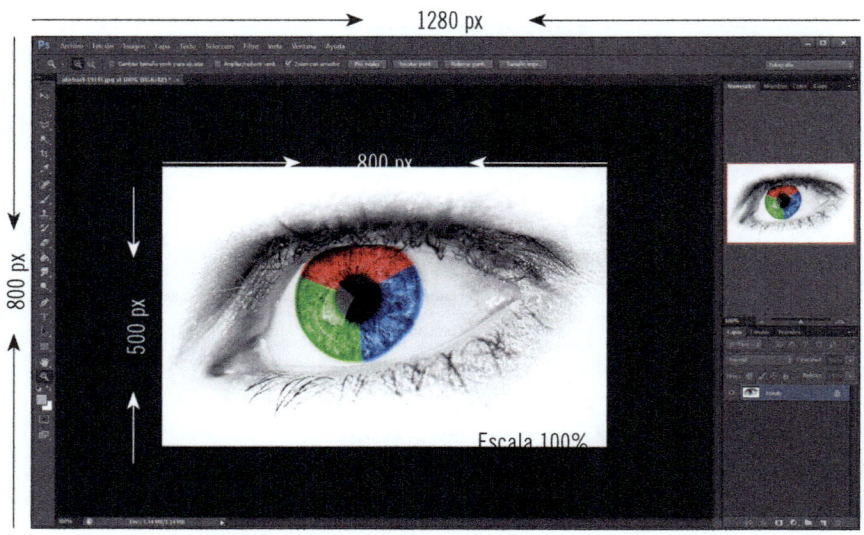

Tamaño real de una imagen de 800x600 px en una pantalla de 1280x800 px

Para saber qué tamaño en píxeles tiene una imagen, en *Adobe PhotoShop*, se debe acceder al menú **Imagen/Tamaño de imagen.** En la parte superior de la ventana se indica el tamaño que se visualiza en píxeles, en la parte central, aparece el tamaño de impresión del documento. Si se trabaja en *Gimp*, se puede cambiar la configuración de tamaño en píxeles en el menú **Imagen/Escalar imagen.** Si lo que interesa es el tamaño de impresión, se debe acceder al menú **Imagen/Tamaño de impresión.**

El tamaño de impresión, es el que indica las dimensiones de alto y ancho de salida en la impresora y sus medidas se basan en cm, mm, o pulgadas y siempre dependerá de la resolución asignada a la imagen a tratar.

3.2. La Resolución

La resolución de una imagen es la calidad que produce el número de píxeles que se le asigna a una unidad de medida determinada. Cuando se dice que una imagen tiene una resolución de 100 px/cm, quiere decir, que en cada centímetro de la imagen se imprimirán 100 píxeles de color, sin embargo, habitualmente las imágenes digitales se trabajan en pulgadas y considerando que una pulgada equivale a 2,54 cm, si se dice que la imagen tiene 72 px/pulgada, quiere decir que son 28,346 px/cm.

Cuanto mayor sea la resolución de una imagen, mayor será el número de píxeles por centímetros o pulgadas, por tanto mayor calidad ofrecerá el detalle final de la imagen.

También hay que considerar la relación que existe entre la resolución de la imagen con la lineatura de trama de impresión, a esto se le conoce como el **factor de muestreo,** que contempla que el valor más óptimo es de 2, es decir, que una imagen que va a imprimirse con una lineatura de 150 líneas por pulgadas, debería estar escaneada a 300 ppp. Si se reduce el factor de muestreo, los píxeles serán claramente visibles en la imagen impresa. Si el factor de muestreo es mayor, se tendrían imágenes con una alta resolución, que incrementan su peso y no son necesarias si su visualización final depende de un documento impreso de menor tamaño.

Si una imagen es de resolución baja, los píxeles se aprecian a primera vista, ya que estará formada por un mosaico o cuadrícula que define esa imagen. Una resolución más alta, hace que el ojo humano no sea capaz de percibir los píxeles que componen la imagen. Una resolución excesiva, no la capta el ojo humano si su impresión es menor, aunque sea de alta calidad, supondrá mucho espacio de almacenamiento.

Por tanto, siempre se debe tener presente el tamaño o resolución que se le dará a cada imagen digital porque de ello dependerá la calidad visual o de impresión que puede ofrecer.

100 px/cm

10 px/cm

El número de píxeles configurados en la resolución son los que definen la calidad de la imagen de salida.

Por tanto, a la hora de imprimir una imagen desde un programa de retoque digital, hay que tener en cuenta los dos factores de configuración de tamaño y resolución.

Actividades

3. Cuando se hace una búsqueda de imágenes en internet se puede comprobar que cada fotografía indica su tamaño de ancho y alto en píxeles, busque algunas pequeñas y otras grandes, ábralas en su programa y utilice el zoom para ver y comparar la calidad que ofrece cada una de ellas.

Ejemplo práctico sobre resolución de una imagen

Si por ejemplo se quiere recortar una imagen en *Adobe PhotoShop* para que su tamaño de salida de impresión sea de 10x10 cm. Se debe abrir la imagen y, una de las soluciones más práctica es utilizar la herramienta **Recortar,** se puede encontrar en la barra de herramientas y se indica en la parte superior las medidas de corte y si se quiere cambiar su resolución, hay que pulsar en el menú superior y activar la opción **Tamaño y resolución.** Si se trabaja con *Gimp,* la resolución se configura en la opción **Tamaño de la impresión** y la medida de corte en la opción **Tamaño del lienzo.**

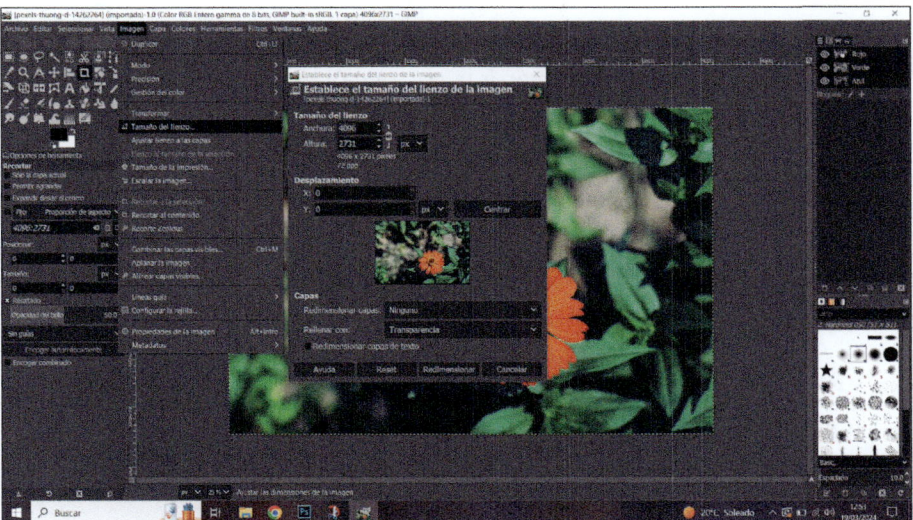

Arriba, las opciones de configuración de la herramienta recortar en PhotoShop, abajo las de Gimp.

 **Nota**

Si no se quiere perder información de imagen a la hora de recortarla, en *Adobe PhotoShop* se puede seleccionar la opción del menú Imagen/Tamaño de imagen y ahí se disponen las medidas del documento y su resolución directamente, si se opta por *Gimp,* se debe ir al menú Imagen/Escala de imagen.

3.3. Espacio de color

Como se pudo ver en el capítulo anterior, el espacio de color es la gama máxima de colores que es capaz de crear un sistema de color determinado y cuanto más grande sea el espacio de color, mayor será el número de colores que permitirá crear. Cada dispositivo, monitor (RGB) o impresora (CMYK) tiene su propio espacio de color, así que estos solo reproducen los colores que abarca su gama cromática.

El CIELab, es uno de los modelos de color que tiene un espacio de color fijo ya que es el que se acerca más a la percepción humana, por tanto este se identifica como un espacio independiente del dispositivo. Sin embargo, otros modelos como el RGB, CMYK, HSB, etc. tienen espacios de color diferentes al relacionarse directamente con el dispositivo que los muestra.

El espacio de color del modelo RGB más amplio y utilizado para trabajar con fotografías digitales, así como para la producción gráfica profesional, es el *Adobe RGB (1998).* Es de los más aconsejados para almacenar fotografías ya que contiene mayor número de colores, si la finalidad de esta fotografía fuera su salida por impresora, entonces habría que convertir ese perfil al que corresponda en CMYK dependiendo del dispositivo, aunque este cambio supone una pérdida de tonos al ser un espacio inferior en número de colores.

Si se quiere comprobar qué perfil tiene asignado una imagen abierta en *Adobe PhotoShop,* o si se necesita cambiarlo, hay que ir a una de las últimas opciones que aparecen en el menú **Edición/Convertir en perfil** y se activa la opción **Avanzado** para poder disponer de todos los espacios RGB o CMYK según su dispositivo.

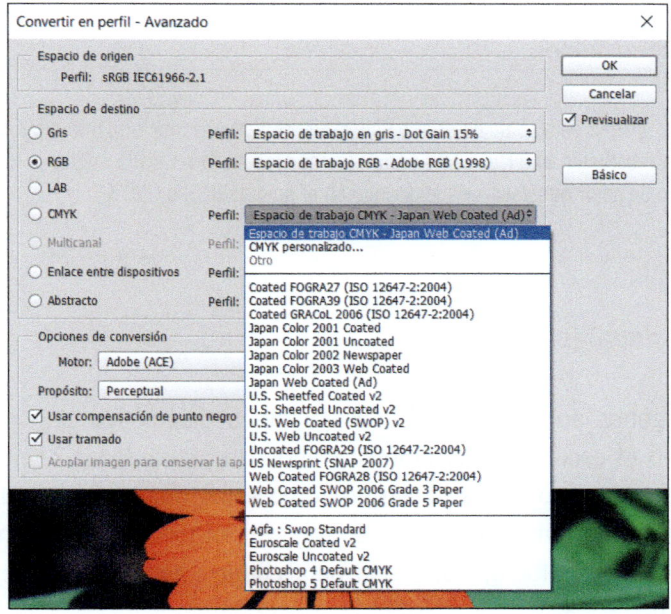

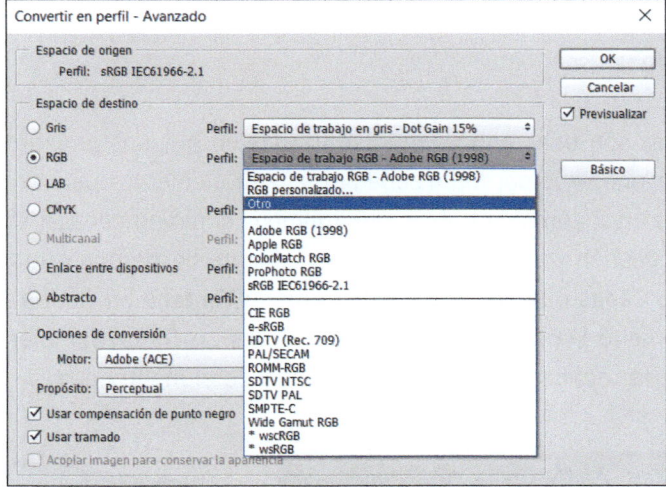

En la imagen se puede apreciar el numeroso listado de modelos de espacio de color que se puede gestionar en Adobe PhotoShop según su dispositivo.

En el programa *Gimp*, es necesaria la instalación de los perfiles ICC que ofrezcan algunos proveedores para poder seleccionarlos.

Actividades

4. Si su programa de trabajo es *Adobe PhotoShop* compruebe, con una imagen fotográfica de alta resolución abierta, cómo varían los colores en la pantalla según el modelo de espacio de color que vaya seleccionando en el modelo RGB o CMYK.

4. Capas, canales, trazados

Las imágenes digitales capturadas por algún dispositivo como la cámara fotográfica o el escáner, adquieren una serie de propiedades como su perfil de color de entrada o formato. Sin embargo estas imágenes, al editarlas en un programa de tratamiento de imagen, permitirán todo tipo de manipulación y añadido de elementos ajenos a ella para poder completar por ejemplo una composición gráfica.

4.1. Las capas

Las capas son unas aplicaciones utilizadas en algunos programas de edición de imágenes que permiten separar o añadir elementos para una fotocomposición. Es un sistema de trabajo que funciona como un *collage*, es decir, por niveles. Su gestión y control se hace directamente desde una ventana acoplable llamada **Capas** que aparece desde el menú **Ventana** en *Adobe PhotoShop* o desde el menú **Ventanas/diálogos empotrables** en *Gimp*. También se puede disponer de las aplicaciones más comunes desde el menú Capa.

A la izquierda se puede ver una fotocomposición mediante capas en Adobe PhotoShop y cómo se distribuyen según el orden de visualización de arriba abajo. A la derecha se puede ver una simulación en perspectiva de cómo se organizan las capas como si fuera un collage.

Si se quiere añadir un elemento gráfico como capa, antes se debe seleccionar. Una selección o marco es la manera más rápida de elegir una zona de la fotografía. Existen varias formas de seleccionar, desde las más básicas, como el rectángulo o la elipse o como la selección a mano alzada o poligonal, que permiten seleccionar los elementos contorneando las formas, incluso PhotoShop ha añadido una herramienta creada por IA que permite hacer una selección de objetos, personas, animales, etc. Cuando la selección está activa se reconoce por la línea discontinua parpadeante que rodea la forma. Con la simple acción de Copiar [Ctrl+C] y Pegar [Ctrl+V], se puede crear una capa con la información de imagen de esa selección. Las selecciones pueden añadirse unas a otras, restarlas o intersectarlas mediante las opciones de las propiedades de las herramientas de selección.

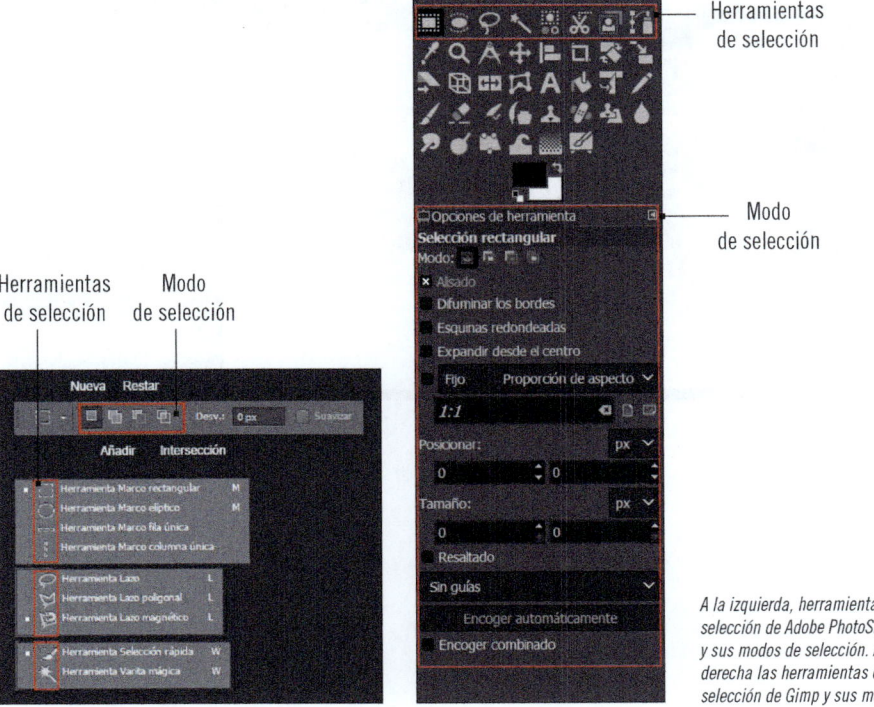

A la izquierda, herramientas de selección de Adobe PhotoShop y sus modos de selección. A la derecha las herramientas de selección de Gimp y sus modos.

Cuando se ha pegado una selección [Ctrl+V] en el mismo o en otro documento, *Adobe PhotoShop* la convierte en capa automáticamente, en *Gimp* se crea una selección flotante que hay que fijar marcando, con el botón secundario, sobre la capa de la ventana **Capas** y pulsar la opción **A nueva capa.**

Las capas se pueden escalar, rotar, voltear, deformar, etc. Estas opciones se pueden encontrar en el menú **Edición/Transformar** en *Adobe PhotoShop* y además dispone de una herramienta con forma de flecha que permite moverlas. En *Gimp*, se pueden utilizar las herramientas de transformación de la barra de herramientas. En cualquier caso, cuando se transforman se debe tirar de alguna de las esquinas del marco que las rodea en el sentido de la transformación seleccionada y luego se fijan pulsando **Intro.** Las capas también admiten transparencias (parte superior de la ventana capas), se pueden combinar entre ellas, agrupar, bloquear, etc. Para cambiar su orden, simplemente se desplazan las capas de arriba a abajo o viceversa en el orden que nos interese visualizarlas.

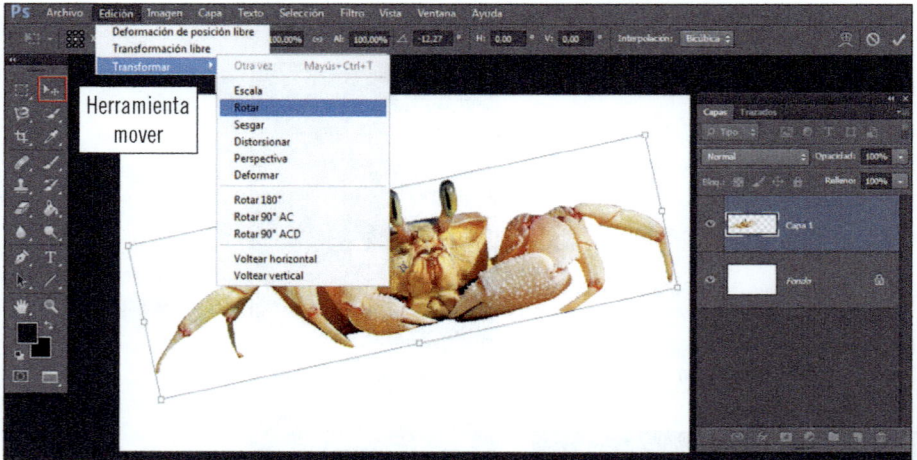

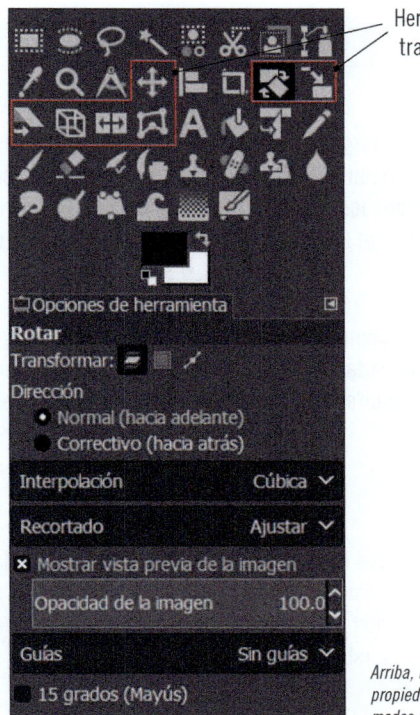

Herramientas de transformación

Arriba, herramientas de selección de Adobe PhotoShop y sus propiedades. Abajo las herramientas de selección de Gimp y sus modos de selección.

Por otro lado, cuando se insertan textos, también se convierten directamente en capas, para poder disponer de su edición en cualquier momento.

 Nota

Las imágenes que contienen capas, deben almacenarse con el formato PSD, PDF o TIFF, cualquier otro formato deja las capas acopladas en una sola imagen y no se podría seguir editando el fotomontaje.

Aplicación práctica

Una nueva juguetería: JUVEKIDS, acaba de inaugurarse en la ciudad y han encargado hacer un cartel en tamaño A4 en sentido horizontal (297 x 210 mm) para anunciar sus ofertas de promoción para su comercio. Todos los juguetes tendrán un único precio de 5 € y el cliente quiere que aparezca en el cartel un coche teledirigido, un peluche y un balón de fútbol.

Desarrolle una propuesta con el nombre del comercio, los juguetes anteriores (imágenes de internet) y su precio único. Cree una capa para cada elemento y explique cómo lo ha desarrollado. No olvide colocar un fondo infantil adecuado y tenga en cuenta crear una combinación cromática equilibrada.

SOLUCIÓN

Se debe crear antes de nada un documento nuevo en el programa, indicando las medidas del A4: 297 mm (ancho) y 210 mm (alto). La resolución que se puede indicar puede ser de 100 píxeles/cm. Al utilizar imágenes descargadas de Internet, no se encuentran muchas resoluciones mayores a estas y se visualizarán bastante bien.

Se hace la búsqueda de las imágenes de los juguetes y se guardan en el equipo. Si se abre por ejemplo el peluche, se puede seleccionar con alguna de las herramientas de lazo, precisando con mucho cuidado su forma. Si se dejan partes sin seleccionar, se puede activar la opción **Añadir** y se puede restaren caso necesario. Cuando la silueta está seleccionada, se copia [Ctrl+C], se selecciona el documento nuevo y se pega [Ctrl+V], aparecerá el osito y se transforma en tamaño y rotación a necesidad. Se hace la misma operación con los otros dos juguetes.

Si se ha localizado un fondo adecuado, se selecciona con un rectángulo el área que interese con una selección rectangular, se copia y pega de nuevo en el documento. Si se ubica por encima de alguna de las anteriores capas, se pueden desplazar desde la ventana capas.

Continúa en página siguiente >>

<< Viene de página anterior

Se selecciona la herramienta texto, se hace clic en el documento y se escribe el nombre de la juguetería. Los textos son también capas que se pueden mover y transformar. Se hace lo mismo cuando se inserta el precio.

4.2. Los canales

Los canales en un programa de edición de imágenes, son los que permiten visualizar independientemente la entrada de cada color del sistema aditivo (RGB) o sustractivo (CMYK). Al abrir una imagen, por ejemplo de formato JPG, la ventana de canales se activa desde el menú **Ventana** en *Adobe PhotoShop* o desde el menú **Ventanas/Diálogos empotrables** en *Gimp*.

La imagen muestra cómo se visualiza la entrada de luz en cada canal rojo, verde y azul. Cada uno de ellos representa en escala de grises la cantidad de esa luz y cuando aparece el blanco quiere decir que se suman los tres colores puros, por eso aparece en todos los canales.

Normalmente las imágenes JPG trabajan en modo RGB, por tanto aparecerán estos tres canales de color, si se selecciona individualmente cada canal de color en *Adobe PhotoShop*, la imagen aparecerá en diferentes escalas de grises y esto es debido a que cada tono gris indica la cantidad de luz de color por canal que entra en la imagen.

Si se trabaja con una imagen fotográfica y se visualiza cada canal, se puede intuir la cantidad de color luz que contiene cada zona según la blancura del tono gris, mientras más blanco, más color luz entra, cuanto más negro, menos información de ese color se está percibiendo.

En el caso de imágenes que se encuentren en el modo CMYK, es decir, colores de pigmentos, los canales se representan según la cantidad de tinta que entra en cada color, mientras más negro aparezca en cada canal, más porcentaje de tinta se imprimirá en ese color.

RGB

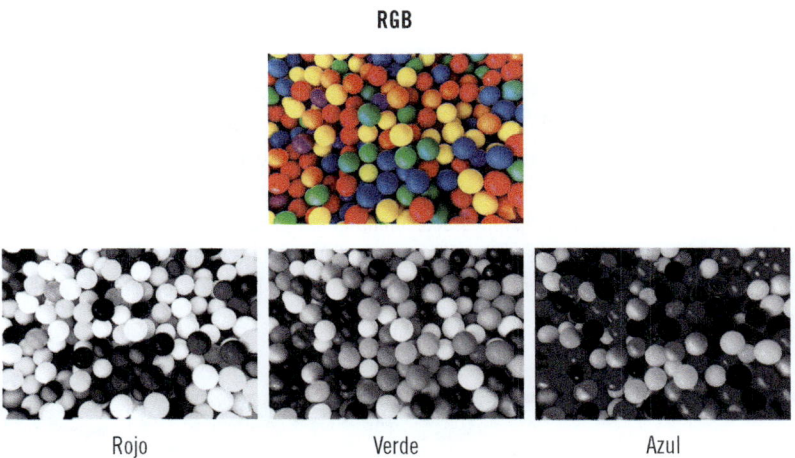

En las imágenes se aprecia la cantidad de color luz que entra en cada canal RGB.

CMYK

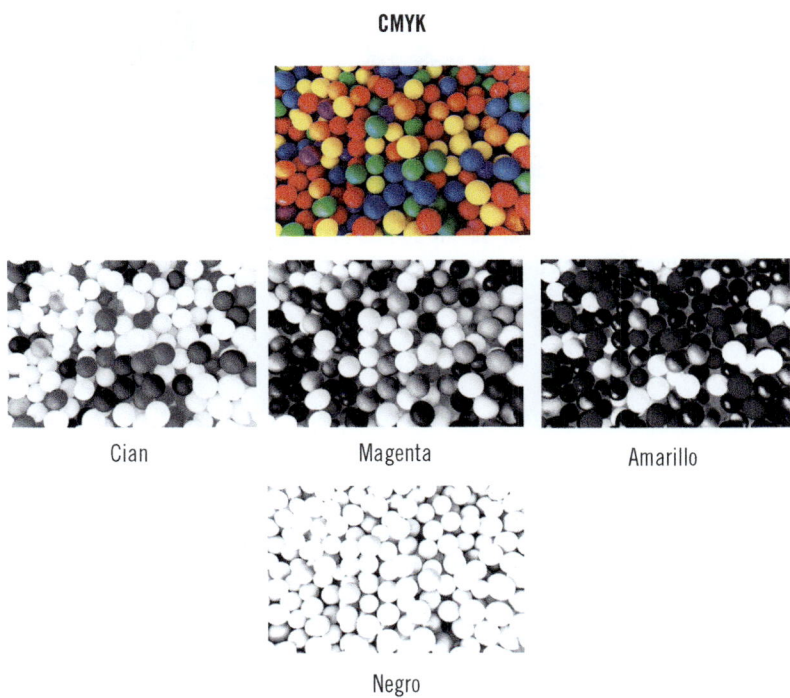

En las imágenes se aprecia la cantidad de tinta que entra en cada canal CMYK.

Actividades

5. Si trabaja con *Adobe PhotoShop,* puede hacer una actividad curiosa para ver cómo se separan los canales de color. Abra una imagen JPG, seleccione la herramienta que permite mover las capas y después seleccione el canal rojo, desplácelo un poco pinchando en la imagen, como si de una capa se tratara y repita la operación con los otros dos canales, podrá visualizar el desplazamiento de cada uno de ellos cuando vuelva a activar la opción RGB.

Desplazamiento de los canales en Adobe PhotoShop

* **Nota:** Si su programa es *Gimp,* no podrá desplazar los canales, pero si los selecciona individualmente, sí podrá ver su entrada de luz o color al dibujar con el pincel en blanco sobre cada canal de la imagen.

4.3. Trazados

Los trazados son herramientas basadas en vectores, aunque en los programas de retoque digital su definición de línea dependerá de la resolución del documento. Sirven para recortar fotografías o crear formas independientes como capas basadas en vectores.

Lo más habitual es crear trazados de recorte, es decir, dibujar una silueta alrededor de una imagen para que quede recortada por ese perfil utilizando herramientas como la **Pluma,** en *Adobe PhotoShop* o la herramienta **Ruta,** en *Gimp.*

En *Adobe PhotoShop*, la herramienta **Pluma** funciona creando nodos o puntos de ancla, alrededor de la forma que se va a recortar, estos puntos son editables, se pueden añadir, eliminar, seleccionar, curvar, etc. Antes de empezar a trazar la forma, se debe asegurar de si la intención es crear un objeto nuevo como capa de color sólido o crear un trazado que sirva para recortar la imagen. Estas opciones se encuentran en el panel de propiedades de la parte superior de la pantalla.

Si se usa la **Pluma** para crear el trazado, esta funciona marcando puntos alrededor del perfil de la forma y para crear curvas, hay que arrastrar el cursor sin soltar el dedo del ratón en pequeñas distancias para que no se fuerce excesivamente la curva y surgirán desde cada punto, unos manejadores que configurarán la dirección del segmento. Una vez cerrada la forma, se pueden recolocar y corregir los puntos con la herramienta **Selección directa.** Si el trazado está bien cerrado, se puede crear el recorte de la imagen desde el menú **Capa/Máscara vectorial/Trazado actual** y la silueta quedará aislada de su fondo mediante una *máscara vectorial* que se puede ver desde la ventana **Capas.**

Estas herramientas son al principio un poco complejas de usar, pero son las más adecuadas para crear un recorte limpio y continuo como los que ofrecen los programas de dibujo vectorial.

La herramienta **Pluma de forma libre** permite crear trazados a mano alzada, sin necesidad de ubicar individualmente cada punto.

Adobe PhotoShop dispone de herramientas profesionales de trazado vectorial para crear recortes muy bien definidos en las imágenes.

En *Gimp*, los trazados se realizan de una manera distinta, se utiliza la herramienta **Ruta** y, aunque funciona de una manera similar a base de puntos o nodos, hay que convertirlos en selección para poder crear el recorte final: Menú **Seleccionar/A partir de una ruta.** El trazado se convierte en una selección flotante y se podrá copiar y pegar para hacer el recorte.

 Actividades

6. Intente realizar trazados curvos alrededor de una silueta que encuentre en alguna fotografía, y cree después su máscara vectorial para que la imagen quede insertada dentro del trazado. Practique moviendo, añadiendo y eliminando nodos.

En **Adobe PhotoShop** también existen formas de trazados predefinidos y personalizados que se pueden utilizar para insertar imágenes en ellas. Si se tiene una imagen abierta, se debe convertirla en capa haciendo doble click sobre la franja de color que se indica como *Fondo* en la ventana **Capas.** Estas herramientas personalizadas se encuentran en la barra de herramientas y se puede dibujar con ellas sobre la imagen para que se reproduzca la silueta, si se activa después desde el menú **Capa/Máscara vectorial/Trazado actual,** la imagen se incrustará en ese trazado.

Herramientas de trazados predefinidos y personalizadas en Adobe PhotShop

 Sabía que...

En *Adobe PhotoShop,* si se utiliza la pluma o cualquier herramienta básica o personalizada de trazado en el modo *Forma,* creará una capa nueva con la forma del trazado, rellena de color y podrá utilizarse como una capa más de relleno sólido, esta forma será un elemento añadido a la composición.

Actividades

7. Si utiliza *Adobe PhotoShop,* realice algún dibujo con formas personalizadas o con la pluma en el modo forma para que se construyan capas automáticamente con ellas, recuerde que puede sumar y añadir más elementos a la misma capa. Pruebe a editar los nodos o puntos de ancla para personalizarlo usted mismo/a.

   * **Nota:** En *Gimp* no hay formas vectoriales personalizadas para utilizar, pero puede dibujarlas manualmente con la herramienta Ruta.

Aplicación práctica

La niña de la imagen está soñando con las próximas vacaciones de verano, sus pensamientos se decantan por los parques acuáticos, la playa o la montaña. ¿Cómo insertaría estos sueños en tres imágenes que aparezcan surgiendo de su cabeza como si de un bocadillo de cómic se tratara? Utilice los trazados e inserte un fondo.

Continúa en página siguiente >>

<< Viene de página anterior

SOLUCIÓN

Antes de nada se debe separar a la protagonista del fondo blanco, así que se hará uso de la herramienta de selección más apropiada o de las herramientas de trazado **Pluma** o **Ruta** (según el *software).* Una vez aislada la niña, si se continúa por el fondo, se puede recurrir a internet haciendo una búsqueda de imágenes de fantasía y se elige la que parezca más apropiada. Se copia y se pega en el documento de la niña, se transformará el tamaño de esta imagen hasta cubrir todo el fondo.

Para los tres sueños, se deben buscar las imágenes adecuadas. Si se copian desde internet, se pueden pegar [Ctrl+V] en el programa para después adaptarlas a la forma de bocadillo de cómic. Se puede recurrir a las formas personalizadas de *Photoshop,* o dibujarlas sumando varias formas elípticas de trazado o a mano alzada *(Gimp).* Al crear una máscara vectorial sobre la imagen, esta se incrustará dentro de este trazado. Con *Gimp,* se debe convertir en selección, copiar y pegar para que se hagan capas independientes.

Con las herramientas de transformación de tamaño y desplazamiento, se ubicarán en el lugar deseado.

Propuesta de imagen en Adobe PhotoShop

Continúa en página siguiente >>

<< Viene de página anterior

Propuesta de imagen en Gimp

5. Ajuste de las Imágenes

Los ajustes de las imágenes son todas aquellas acciones que se aplican a las imágenes para tratar de mejorar su calidad y corregir el color, la luminosidad, los contrastes, brillos, luces, sombras, medios tonos o saturación.

Uno de los recursos de los que disponen los programas de retoque digital es el histograma, mediante el cual se controla el equilibrio más adecuado de la fotografía, por otro lado, también se encuentran muchas otras opciones con las que se pueden ajustar con precisión los balances de ajustes.

5.1. El histograma

Es la representación gráfica de la distribución de los tonos en una imagen digital. Es un gráfico meramente informativo muy útil para la corrección del color. Las cámaras digitales actuales más profesionales suelen disponer de este gráfico para orientar al fotógrafo de su correcta exposición y tonalidad. Los programas de retoque digital también están provistos de este gráfico para corregir la distribución cromática de una fotografía. Los histogramas son ventanas acoplables que se muestran desde el menú **Ventana/Histograma** *(Adobe PhotoShop)* o **Ventanas/Diálogos empotrables/Histograma** *(Gimp)*.

Si el histograma muestra grandes espacios vacíos, quiere decir que es posible que la imagen esté dañada, si el gráfico no abarca todo el ancho es porque la imagen está poco contrastada. Si el gráfico representado está más alto en la zona izquierda quiere decir que la fotografía está subexpuesta o demasiado oscura, si es al contrario, que el gráfico se ubica más en la zona derecha, quiere decir que la fotografía está sobreexpuesta o quemada. Si el gráfico está repartido a lo largo de todo su ancho, quiere decir que la imagen está bien equilibrada en luces y sombras.

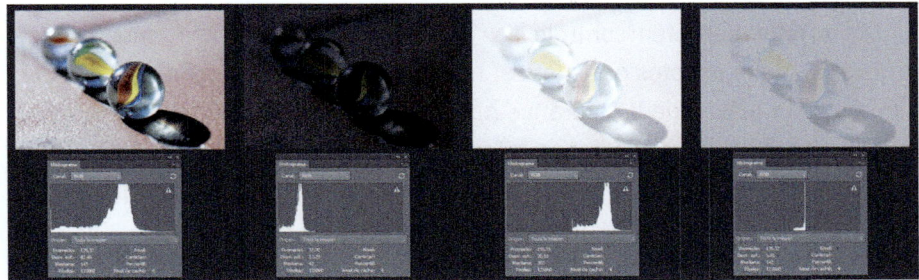

La imagen 1 muestra la fotografía con un correcto equilibrio cromático, luces y sombras; la número 2 muestra el gráfico en la zona izquierda, es una imagen subexpuesta; la número 3 está sobreexpuesta, el gráfico está a la derecha; y la número 4 tiene poco contraste por eso el gráfico no abarca todo el ancho del histograma.

 Sabía que...

Cada vez que se editan y ajustan las imágenes, pierden información de color y es probable que aparezcan más espacios vacíos en su histograma entre las barras. Sin embargo, a primera vista aparentan tener un aspecto correcto. Si se abusa demasiado de las continuas ediciones, perderá tonalidades y disminuirá su calidad, por tanto es mejor ajustar lo necesario.

5.2. La edición de imágenes mediante ajustes

Las imágenes digitales necesitan la mayoría de las veces, optimizar su calidad de color, contraste, dominancia de color o balance de grises. El único problema es que durante el proceso de ajuste, se produce una pérdida de información de la imagen, principalmente en detalles y colores. Debido a esto, es conveniente reducir los pasos de ajustes y crear un ajuste lo más adecuado al realizar la fotografía o a la hora de escanearla.

Los ajustes más adecuados para mejorar la calidad de la imagen se pueden encontrar dentro de *Adobe PhotoShop* en el menú **Imagen/Ajustes** o en el menú **Colores** de *Gimp.* Ambos programas disponen de ajustes como los niveles o las curvas.

Los **niveles** permiten controlar las sombras, luces y medios tonos de una fotografía. Manejar estos parámetros, hacen que la imagen pierda información, pero se gana más variedad para los píxeles de la imagen. Hace que las zonas que se consideran luces se hagan más blancas y las que se consideran en sombras se hagan más negras y el manejador de medios tonos da mayor peso a las sombras o luces según el sentido de dirección que se le dé.

Las **curvas** permiten controlar la luminosidad de la imagen en general o por canales de color manejando puntos concretos dentro de la curva que muestra su gráfico, si la curva baja, predominan más las sombras , si sube, predominan las luces. Si se coloca la curva en horizontal, predominan los medios tonos grises máximos y si se hace una vertical con la curva, se consigue el contraste máximo de tonalidades.

El **brillo** y **contraste** es un ajuste lineal que controla mediante dos únicos controles la luminosidad de la imagen. Si una imagen se ajusta en brillo +10, quiere decir que la imagen será 10 unidades más brillante.

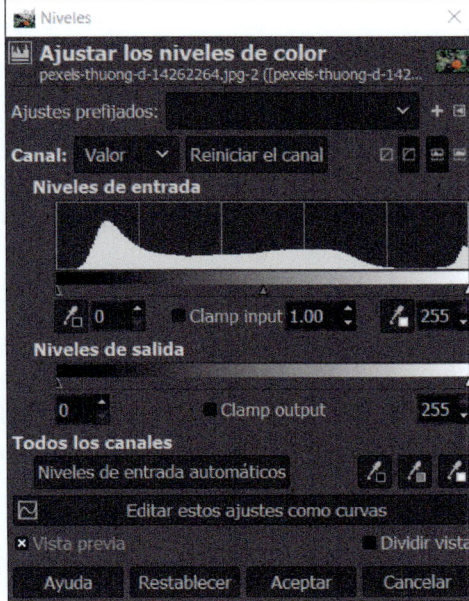

El ajuste de imágenes mejora la calidad y contraste de la fotografía, no es conveniente hacer un uso abusivo de ellos por las posibles pérdidas de información.

Nota

En *Adobe PhotoShop,* se puede recurrir a unas capas específicas llamadas Capas de Ajuste que permiten ver el resultado del ajuste sin necesidad de aplicarlos a la imagen final y esto permite evitar la pérdida de calidad del documento original. Las capas de ajuste se encuentran en la parte inferior de la ventana Capas y pueden editarse en cualquier momento para ver la vista previa del ajuste.

6. Tintas planas, cuatricomía, hexacromía

A la hora de imprimir una fotografía o trabajo gráfico se debe tener presente el tipo de salida de color que se va a aplicar al proyecto, existen diferentes técnicas de impresión y es necesario saber cuál utilizar para cada caso. Los dos sistemas más utilizados son los Pantone y Cuatricomía, aunque desde hace algunos años, la aparición de la Hexacromía permite imprimir con 6 o más tintas o mezclando Cuatricomía con Pantone y otros barnices especiales.

6.1. Las tintas planas

Son colores directos que se imprimen mediante una plancha propia y se utilizan cuando se busca una impresión de color uniforme correcto. Se suelen utilizar para la impresión de logotipos corporativos o para impresiones más complejas de colores poco habituales como la de tonos dorados, plateados o fluorescentes.

Uno de los sistemas de color más estandarizados para este tipo de impresión es el PMS *(Pantone Matching System)*. Se puede localizar en casi todos los programas de diseño gráfico y retoque digital. Aunque, como se pudo ver en el capítulo anterior, el *software* de uso libre *Gimp* no lo utiliza por cuestiones de derecho de licencias.

El sistema Pantone de color identifica numéricamente cada uno de ellos y se pueden utilizar para su elección unas guías impresas (pantoneras) que muestran cada color en pequeñas miniaturas que orientan para saber el color de salida del trabajo realizado.

Detalle de una guía Pantone. Por ejemplo, una gama de amarillos puede ir variando en luminosidad de más claros a oscuros y cada tono está identificado por un número concreto.

6.2. Cuatricomía

La cuatricomía es el sistema de impresión que separa la imagen en cuatro planchas que corresponden a las tintas cian, magenta, amarillo y negro. Cada plancha es la que recibe la tinta y el agua, en los casos de impresión Offset. Es el sistema de color más utilizado para hacer impresiones de tiradas a todo color y con este medio, se imprimen desde folletos, carteles, vallas publicitarias, fotografías, ilustraciones, etc.

En la imagen se ve una simulación de cómo se separan las cuatro tintas de una cuatricomía y su efecto al mezclarlas.

6.3. Hexacromía

Es el sistema de impresión desarrollado por Pantone que separa la imagen en seis planchas de impresión, además de los cuatro colores CMYK, se añaden el naranja y verde (O y G). La hexacromía dispone de un espacio de color mucho más amplio que el de CMYK y mediante este sistema se consiguen colores más brillantes, uniformes y de una altísima calidad. Sin embargo, el uso de estas dos planchas añadidas, incrementan el coste de la impresión notablemente, no es el medio más adecuado para impresiones convencionales.

El *gamut* de la hexacromía abarca un espacio de color mayor al del espacio de color CMYK

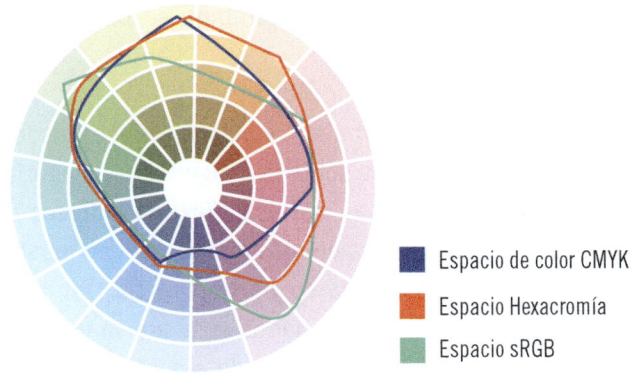

■ Espacio de color CMYK

■ Espacio Hexacromía

■ Espacio sRGB

 **Nota**

Para poder trabajar en *Adobe PhotoShop* con imágenes convertidas en hexacromía Pantone, es necesario instalar un *Plugin* específico no gratuito llamado *HexImage* y gracias a este, se podrán crear separaciones en seis canales de color.

7. Filtros, tramar, destramar, enfoque, desenfoque, ruido, píxel, textura, trazo

Los programas de retoque digital, disponen de una amplia variedad de efectos que se pueden aplicar a cualquier área de selección, capa, canal o a toda la imagen completa y así conseguir resultados más artísticos, creativos o incluso efectos que la cámara digital no ha podido capturar.

7.1. Los Filtros

Son efectos especiales que ofrecen a la imagen diferentes resultados, desde aparentes dibujos de bosquejo, como resultados pictóricos, distorsiones o efectos de iluminación. Se pueden encontrar dentro del menú **Filtros** en *Adobe PhotoShop* o *Gimp* y se suelen organizar por categorías.

Para aplicar un filtro, solo se debe tener abierta una imagen y el efecto se asignará a todo el documento. Si se quiere que se limite a una única zona, se debe crear una selección previa o también se pueden aplicar en capas individuales.

Adobe PhotoShop, en sus últimas versiones, ofrece desde el menú **Filtro** una *Galería* que muestra del filtro sobre la imagen. Las categorías se dividen en Artísticos, Bosquejar, Distorsionar, Estilizar, Textura y Trazos de pincel. Cada una de ellas dispone de diferentes efectos que se pueden personalizar mediante los parámetros que aparecen en su parte derecha. También se puede ver la vista previa de varios filtros combinados si se activa en la parte inferior de la ventana de la Galería, una Nueva capa de efecto. Además de estos filtros,

PhotoShop tiene un listado de filtros basados en la IA, filtros para corregir el ruido de una imagen, limpieza de rostro incluso restaurar fotos.

1. Categorías　　　3. Controladores
2. Vista previa　　4. Nueva capa de efecto

La Galería de Filtros de Adobe PhotoShop, ofrece una amplia variedad de efectos para aplicar a las imágenes.

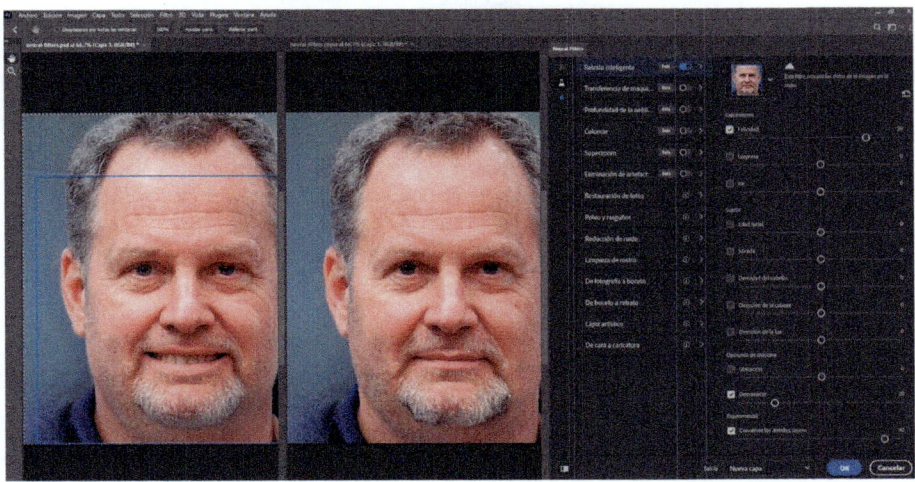

Filtros basados en IA

Además de la *Galería de Filtros*, también se puede disponer de otras categorías que se encuentran directamente en el menú **Filtro,** estos se utilizan individualmente desde un menú propio como son los desenfoques, enfoques o distorsiones.

En *Gimp*, los filtros actúan independientemente desde su ventana de configuración, también ofrecen una vista previa de ellos y disponen de una amplia variedad bastante similar a la de *Adobe PhotoShop.*

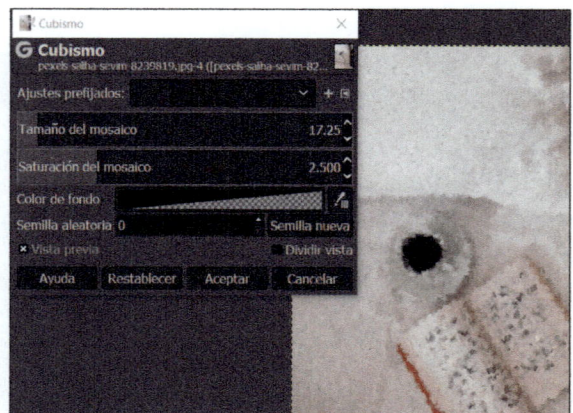

Continúa en página siguiente >>

<< Viene de página anterior

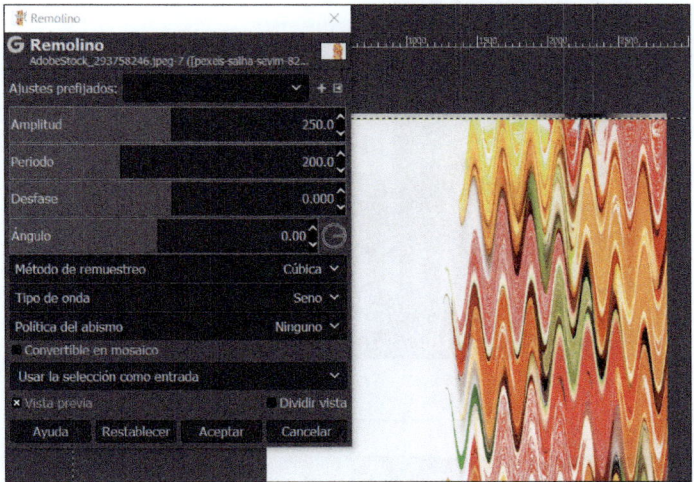

En Gimp, se puede encontrar una amplia variedad de filtros dotados de su propio menú de configuración para lograr el resultado deseado.

 Actividades

8. En internet se pueden encontrar numerosos filtros de uso gratuito que se instalan como *PlugIns*. Realice una búsqueda e instálelos en su programa de retoque digital para ampliar la galería original y pruebe sus efectos.

7.2. Tramar y destramar

La técnica actual de **tramado,** consiste en la variación del tamaño de los puntos de impresión, así como de su ángulo para dar el efecto de un tono continuo de color. Es el efecto de impresión de una cuatricomía CMYK. Sin embargo, este efecto se puede hacer más visible si se utiliza *en Adobe PhotoShop* el **Filtro/Pixelizar/Semitono de color** o en *Gimp* el **Fitro/Distorsiones/ Papel de periódico.** Ambos ofrecen un efecto resultante muy similar al de las impresiones CMYK a base de puntos de trama.

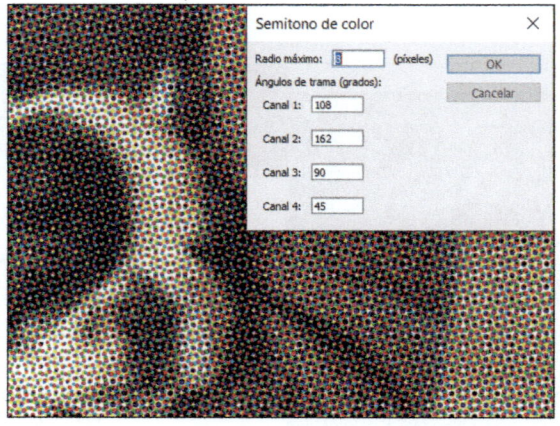

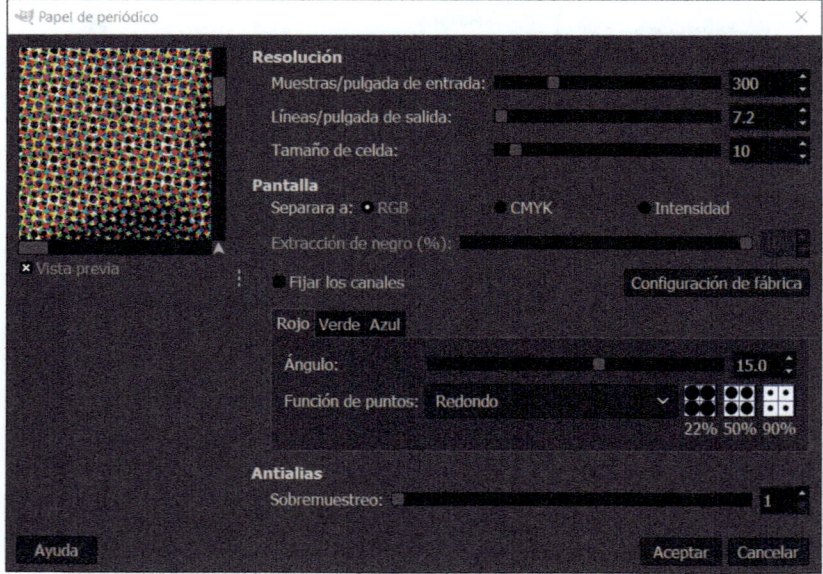

Adobe PhotoShop (arriba), no dispone de vista previa del filtro semitono de color, pero permite indicar el tamaño del punto, así como el ángulo de giro de la trama CMYK. En Gimp (abajo), sí existe vista previa de este filtro y su resultado es muy similar al anterior.

El efecto **Destramar,** es el que suaviza o intenta eliminar la trama de una imagen, sobre todo el de las fotografías escaneadas directamente de una revista o periódico ya que el efecto de tramado de impresión se suele apreciar bastante y de ahí la necesidad de tener que hacer uso del filtro **Destramar.** En *Adobe PhotoSop* se puede encontrar en el menú **Filtro/Ruido/Destramar** y en *Gimp* en el menú **Filtros/Realzar/Desentrelazar.**

 Nota

No se debe confundir al pensar que una imagen a la que se le ha aplicado el filtro de trama, se puede corregir destramándola, ya que la imagen sufre mucha pérdida de información y no sería posible recuperarla.

 Actividades

9. Si dispone de un escáner, pruebe a digitalizar la fotografía de una revista o periódico. Aplíquele después un filtro de destramado y compruebe su mejora de calidad.

7.3. Enfocar y Desenfocar

El filtro **Enfocar** permite corregir pequeños desenfoques que hayan podido surgir al capturar una fotografía. Hace que aumente el contraste entre los píxeles más cercanos, dando el efecto de enfoque, pero no se debe esperar que haga milagros en fotografías muy desenfocadas, la limpieza de estos píxeles es muy sutil y solo creará un resultado realista si el desenfoque es mínimo. En el menú **Filtro** de *Adobe PhotoShop* se dispone de tres enfoques automáticos y otros dos personalizables, el enfoque suavizado y la máscara de enfoque.

Muestra del Filtro/Enfocar/Máscara de enfoque de Adobe PhotoShop

Para **Desenfocar** una imagen se utilizan filtros de desenfoque que tienen la función de suavizar los píxeles adyacentes. Existen varios tipos de filtros para desenfocar, algunos más homogéneos como son el **Desenfoque gaussiano, Desenfoque de rectángulo** o el de **lente** y otros con efectos más concretos como el **Desenfoque suavizado**, el de **movimiento** y el **Desenfoque radial.** En *Adobe PhotoShop* se puede disponer de todos ellos en el menú **Filtro/Desenfocar** y en *Gimp*, aunque sean de menor variedad, se pueden encontrar en el menú **Filtro/ Difuminar.**

Diferentes resultados que pueden ofrecer algunos de los desenfoques que se pueden encontrar en los programas de retoque digital.

Los filtros de desenfoque se suelen utilizar a menudo en capas de fondo sueltas para que no afecte a los elementos protagonistas de la composición, así se podrán conseguir resultados más dinámicos o efectos fotográficos más precisos.

 ## Actividades

10. Busque una fotografía que tenga una composición de varios elementos a diferentes distancias y que se encuentren todos bien enfocados. Intente mantener el objeto más cercano con su enfoque original y que el resto se desenfoque en la profundidad.

 ## Aplicación práctica

La compañía de metro de la ciudad le ha facilitado la fotografía JPG de uno de sus trenes parado en una estación, pero le han pedido que intente darle un efecto de movimiento como si el tren estuviera en marcha y viniera hacia usted, es decir, como si la fotografía original se hubiera disparado haciendo un movimiento de acercamiento con el zoom. ¿Cómo plantearía y realizaría este efecto de movimiento de zoom?

Continúa en página siguiente >>

<< Viene de página anterior

SOLUCIÓN

La imagen que se ha facilitado al ser JPG no tiene capas, por tanto, si se aplica cualquier filtro sobre ella, afectaría por completo a toda la fotografía. El efecto fotográfico de movimiento de zoom es similar al del filtro de *PhotoShop* **Desenfoque/Radial/Zoom** o en *Gimp* **Difuminar/Desenfoque de movimiento/Acercamiento,** pero para que pueda afectar solo al fondo, se debe aislar la máquina haciendo una selección alrededor de todo el tren mediante el lazo poligonal, magnético o incluso con trazados, si se copia y se pega la selección flotante, se creará una nueva capa con este contenido.

Ahora ya se dispone de dos capas, la inferior tendrá toda la información de la imagen y en la superior solo aparecerá el tren. El filtro **Desenfoque radial zoom** se aplica en la capa inferior ubicando su punto de fuga en la zona que más se acerque al origen del convoy. Según la cantidad de desenfoque que se aplique, mayor será la velocidad que aparente.

Continúa en página siguiente >>

<< Viene de página anterior

Filtro/Desenfoque/radial/zoom en PhotoShop

Filtros/Difuminar/Ampliar desenfoque de movimiento en GIMP

7.4. Ruido y Pixelizar

Otras categorías destacadas del menú **Filtros** son las de **Ruido** y **Pixelizado.** El *Ruido* es un efecto granulado que producen las cámaras digitales cuando están configuradas con una alta sensibilidad ISO de captura y también lo producen los escáneres al digitalizar imágenes. Afectan principalmente a las zonas oscuras de la fotografía y se manifiestan adquiriendo un punteado de alto dominio en rojo, verde y azul (ruido de color). Para eliminarlo, se puede disponer de filtros de reducir ruido, destramar o el de polvo y rascadura.

Si este efecto de ruido se quiere provocar o exagerar, se puede ejecutar el filtro **Ruido/Añadir ruido** en *Adobe PhotoShop* o en **Filtros/Ruido/Ruido HSV y RGB** en *Gimp.*

 Actividades

11. Si puede acceder a una cámara digital más o menos profesional, pruebe a cambiar la configuración de la sensibilidad ISO y realice dos fotografías una con la ISO a 100 y otra a 800 o más. Utilice la ampliación del zoom para apreciar el efecto de ruido que provoca una fotografía realizada con una alta sensibilidad.

Los filtros de **Pixelizar** son aquellos que permiten crear fragmentos por áreas de píxeles creando unos curiosos efectos de cristalizado, mosaicos, pinceladas puntillistas, etc.

| Grabado | Fragmento | Mosaico |

| Pinceladas | Semitono de color | Puntillista |

Efectos producidos por los filtros de Pixelizar.

7.5. Textura y Trazo

Otros filtros más creativos son las **Texturas** y los **Trazos de pincel.** Las texturas son efectos que simulan texturas con relieves dentro de la fotografía, entre los más destacados se encuentran los Azulejos, Grietas, Retazos, Lienzo o Vidriera. En cuanto a los trazos de pincel, son filtros que ofrecen resultados más pictóricos, simulan efectos como si la fotografía se hubiera tratado con técnicas de dibujo o pintura a base de trazos direccionales contorneados con tintas.

Resultados de algunos filtros de texturas

| Original | Azulejo de mosaico | Grietas | Retazos |

Resultados de algunos filtros de trazos

Salpicaduras   Sombreado   Trazos oscuros   Suavizados

 Actividades

12. Para aplicar una textura propia en *PhotoShop,* solo debe hacer un dibujo de pinceladas negras sobre fondo blanco y guardarlo con extensión PSD. Desde el grupo de filtros Textura, elija texturizar y pinche en el pequeño icono de cargar texturas, seleccione su dibujo y verá cómo aparecen las formas dibujadas en relieve. Compruébelo.

Si trabaja con *Gimp,* haga su dibujo de la misma manera, con trazo negro sobre fondo blanco y para aplicar tu textura, debe ir al menú Filtros/Mapa/Mapa de relieve y podrá cargar su dibujo almacenado.

8. Retoque de imágenes. Color, difuminar, fundir, clonar

La función de muchas de las herramientas de los programas de tratamiento de imagen es el retoque digital, se pueden realizar todo tipo de montajes, eliminar partes de cualquier imagen, restaurar fotografías dañadas con manchas, roturas o grietas, pintar sobre ellas, crear fusiones, extender colores, etc.

8.1. Color

En la parte inferior de la barra de herramientas principal de cada programa de retoque, se encuentran las opciones de color frontal y color de fondo. El color frontal es la selección tonal que se configura para que pueda ser utilizado por las herramientas que necesitan de un color para aplicar sobre el documento, por ejemplo el lápiz, pincel o bote de pintura. El color de fondo se suele utilizar como base o alternativa al frontal.

Para seleccionar un color determinado, se puede pulsar sobre el color actual que aparezca en la barra y aparecerá la ventana **Selector de color.** Estas ventanas permiten elegir la tonalidad deseada mediante la combinación RGB, CMYK o HSB.

Una vez seleccionado el color, se podrá aplicar con las herramientas antes mencionadas sobre el documento.

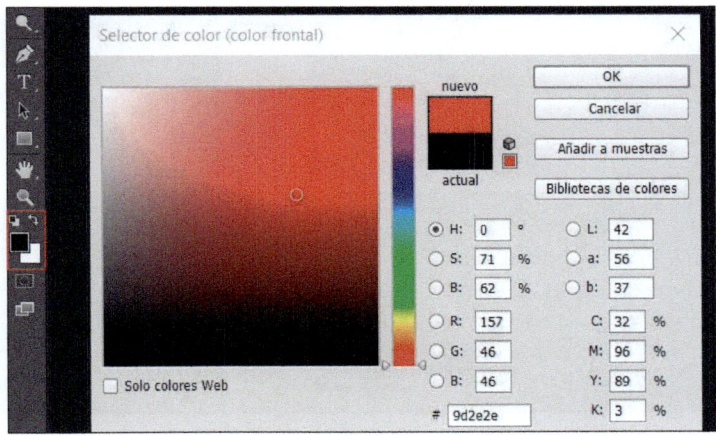

En Gimp, se puede encontrar una amplia variedad de filtros dotados de su propio menú de configuración para lograr el resultado deseado.

8.2. Difuminar

Difuminar es un efecto de desenfoque que se puede utilizar con una herramienta específica controlada por una pincelada. Permite suavizar zonas que hayan quedado dentadas o pixeladas en una imagen sin necesidad de aplicar un filtro de desenfoque, es un retoque puntual en una zona concreta. En *Adobe PhotoShop* se le llama herramienta **Desenfocar** y en *Gimp*, herramienta **Difuminar.** La operación contraria de enfoque o perfilado suelen encontrarse dentro del mismo icono.

Los perfilados de una capa dentada pueden corregirse con la herramienta Difuminar o Desenfocar.

 Actividades

13. Haga una selección alrededor de una imagen, por ejemplo una manzana, cópiela y péguela en otro documento, suavice después su contorno con la herramienta Difuminar y comprobará cómo se va suavizando su contorno.

? Sabía que...

La herramienta Difuminar se puede evitar si después de hacer una selección, se activa la opción Difuminar bordes en *Gimp* dentro de las propiedades de la herramienta Selección. Si se trabaja en *Adobe PhotoShop,* se puede activar la opción Perfeccionar borde en la barra de propiedades de la selección.

8.3. Fundir

Las imágenes en un programa de retoque digital también pueden fundirse entre ellas, esto permitirá un efecto de *collage* de imágenes suavemente fundidas como si fueran un único bloque. Para fundirlas se debe recurrir a las máscaras de capas.

Las **máscaras de capa** son un recurso que se aplica a las capas y permiten visualizar u ocultar zonas de esa capa. Son unos pequeños iconos blancos que aparecen a la derecha de la miniatura de la capa, el blanco es sinónimo de opacidad y el negro sinónimo de transparencia. Si se tiene marcada la máscara de capa y se dibuja, por ejemplo con un pincel y el color negro como color frontal sobre la imagen, se comprobará que la imagen parece quedar recortada, sin embargo realmente está oculta. Si se invierten los colores y se deja el blanco como color frontal, al volver a pasar por la zona oculta, vuelve a aparecer la imagen.

Las máscaras de capa se pueden crear desde el menú **Capa/Máscara de capa/De transparencia** o desde un pequeño icono que se encuentra en la parte inferior de la ventana de capas de *Adobe PhotShop*. En *Gimp* se activa desde el menú **Capa/Mascara/Añadir máscara de capa.**

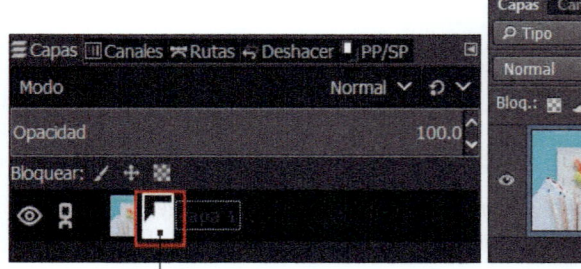

Máscara de capa   Máscara de capa

A la izquierda la máscara de capa en GIMP, a la derecha la máscara de capa en PhotoShop y abajo cómo se visualiza la transparencia en ambos programas.

Sin embargo, el efecto de fundido se consigue aplicando la herramienta **Degradado lineal** sobre la máscara de capa. Como el color negro es el que aplica la transparencia total y el blanco la opacidad, una gradación de negro a blanco provocará el fundido de transparencia a opacidad, pero se debe tener en uso más de una capa para que la imagen que funda visualice otra en la parte inferior.

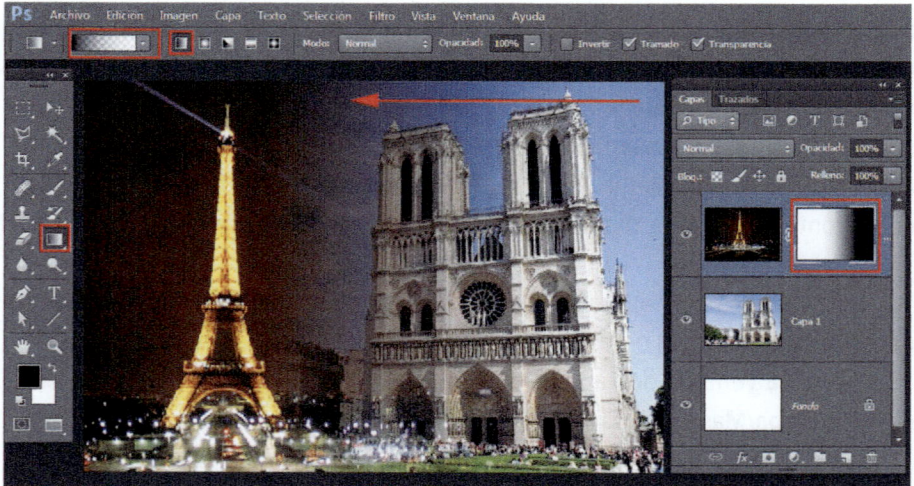

Al aplicar un degradado lineal con el negro como color frontal, permitirá crear una transparencia progresiva que hace visualizar la capa inferior.

Actividades

14. Busque la fotografía de un/a conocido/a que aparezca en primer plano, seleccione todo el perfil de la cabeza y el cuello, busque por otro lado un personaje de ciencia ficción y coloque la cabeza sobre el cuerpo del personaje. Ajuste el tamaño de la cabeza y funda el cuello con una máscara de capa aplicando un degradado lineal de negro a blanco. Verá cómo su amigo/a se convierte en el personaje.

Aplicación práctica

Se quiere promocionar el turismo en España con imágenes de los siguientes monumentos: La Giralda de Sevilla, el museo Guggenheim de Bilbao y la Sagrada Familia de Barcelona. Han pedido que se realice una postal en tamaño A5 (210 x 148 mm) a 300 ppp. Deben aparecer estos monumentos fusionados sin que se noten cortes en la composición final y la palabra "España" en el centro. ¿Cuál sería el proceso de ejecución? Realícelo.

SOLUCIÓN

El primer paso para realizar el fotomontaje es crear un documento nuevo con las medidas y resolución exigidas. Después se hará una búsqueda en internet de los monumentos, se copiarán uno a uno y en el momento de pegarlos, se crearán capas con esas imágenes.

Hay que tener en cuenta que para fundir dos o más imágenes no pueden colocarse una al lado de otra, sino que deben solaparse para que al fundir se vea la imagen de la capa inferior. Si se dispone de alguna fotografía en formato horizontal, se puede ubicar en el nivel inferior y así abarcará todo el formato de la postal.

Continúa en página siguiente >>

<< Viene de página anterior

La imagen que quede al fondo no debe llevar fundido porque se vería el vacío blanco de base.

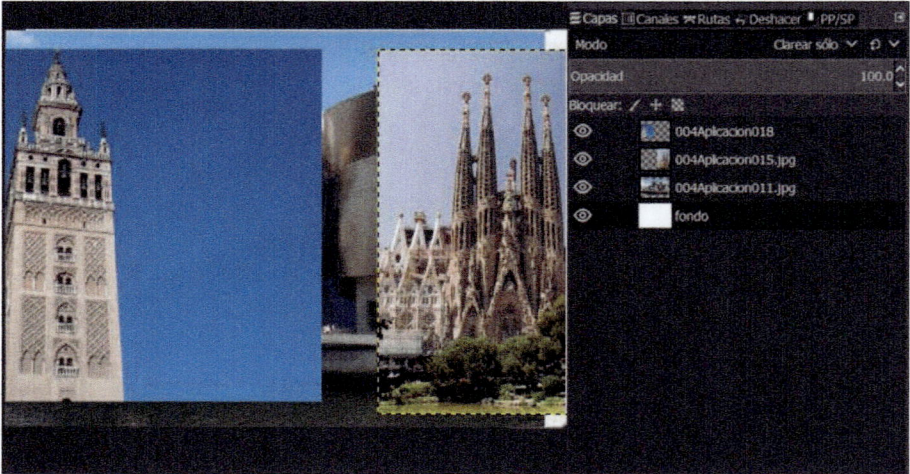

A la segunda imagen colocada, se le creará una máscara de capa y con el degradado lineal, se aplica en la dirección más conveniente, el trazo que aplica la gradación, teniendo en cuenta que donde vaya el color negro, se aplicará la mayor transparencia.

Con la tercera imagen se realiza la misma operación. Si no gusta, se puede tirar a la papelera la máscara y volver a empezar. También se puede obtener ayuda de la herramienta pincel para ocultar zonas no deseadas.

Por último, se selecciona la herramienta **Texto** y se escribirá la palabra "España", esta capa es la que debe colocarse en el nivel más alto para que no se pierda entre los monumentos.

Continúa en página siguiente >>

<< Viene de página anterior

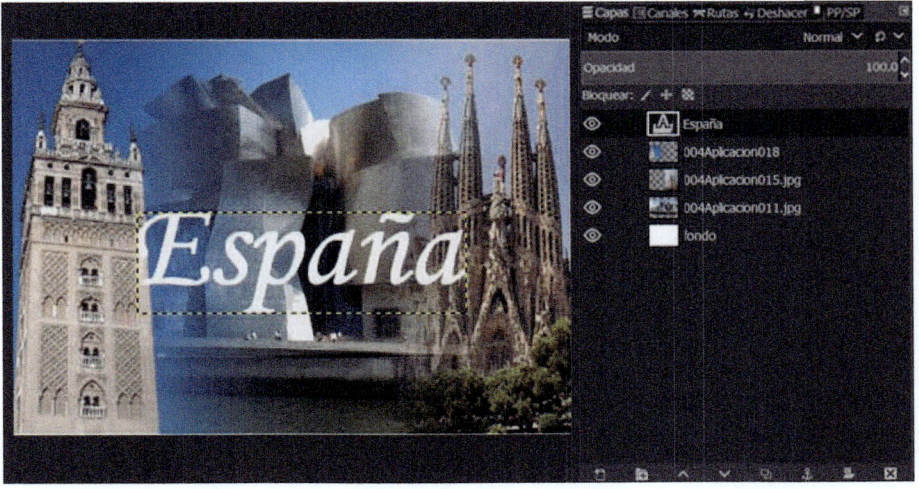

Imagen en Adobe PhotoShop

8.4. Clonar

La herramienta de clonado es un recurso muy práctico en los programas de retoque digital porque permiten copiar parte de una imagen a cualquier otra zona de la imagen mediante pinceladas. Se puede encontrar en la barra principal de herramientas del programa y se conoce como **Tampón de clonar** en *Adobe PhotoShop* o **Herramienta de clonado** en *Gimp*. Ambas funcionan de una manera similar, hay que marcar un punto de origen que sirva de referencia en la zona que se quiere copiar, este punto se marca mientras se pulsa la tecla [Alt] *(Adobe Photoshop)* o la tecla [Ctrl] *(Gimp)*. Una vez marcado, hay que desplazarse a la zona donde se quiere que se vaya transmitiendo la copia y se dibuja sobre ella como si de un pincel se tratara. A medida que se clona, se puede ver cómo se desplaza el punto de origen o lectura a la vez que el punto de copiado. Como cualquier otra herramienta que funciona a base de pinceladas, se puede cambiar el tamaño del diámetro del pincel para ajustarlo a la necesidad.

Para eliminar la estrella de la derecha, se ha marcado el punto de origen en una zona cercana de arena para que al dibujar sobre ella se vaya clonando la información que va leyendo este punto sobre la pincelada que se aplica sobre la estrella, hasta hacerla desaparecer.

Además de las herramientas de clonado, también se dispone de otras herramientas parecidas como el **pincel corrector** en *Adobe PhotoShop* o la herramienta **saneado** en *Gimp*. Funcionan de la misma manera que las anteriores, pero no realizan una copia fiel de la zona de origen, sino que crean una fusión de información de color que permite suavizar las zonas anteriormente clonadas y su resultado ofrece un acabado más integrado.

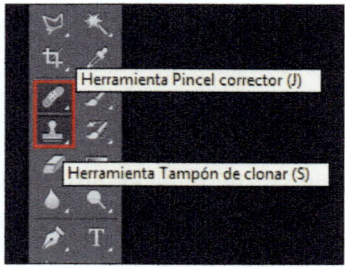

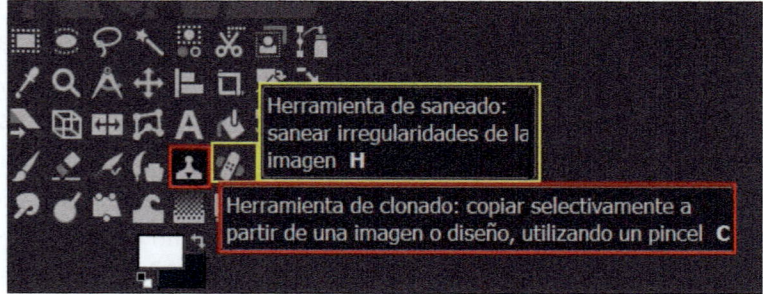

Localización de las herramientas de clonado y de corrección o saneado en Adobe PhotoShop (arriba) y Gimp (abajo).

Consejo

Es conveniente que se vaya cambiando el punto de origen tantas veces como se necesite, si se mantiene siempre el mismo, se irán clonando todas las zonas por las que se pasa. Por otro lado, si se necesita clonar áreas de un mismo tono sobre un elemento, es conveniente colocar el punto de origen lo más cerca posible al objeto que se va a eliminar para que no haya altos cambios tonales.

Actividades

15. Busque una fotografía de un primer plano de una persona de 40-60 años, intente eliminarle todas las impurezas faciales que se aprecien, así como las típicas arrugas que suelen salir bajo los ojos o la frente, intente respetar la anatomía facial para que parezca más joven. Utilice las herramientas de clonar y de corrección.

Aplicación práctica

Una playa, necesita utilizar esta fotografía para un cartel, pero no le interesa que aparezca la botella que está clavada en la arena. Elimine este objeto y explique cómo lo resuelves.

Continúa en página siguiente >>

<< Viene de página anterior

SOLUCIÓN

La solución más rápida y eficaz para eliminar la botella es hacer uso de las herramientas de clonación, el tampón de clonar *(Adobe PhotoShop)* o la herramienta de clonación (Gimp).

Si se comienza por la parte superior de la botella, se debe marcar el punto de origen en la zona derecha, más o menos a la altura de la orilla (pulsando [Alt] o [Ctrl], según el programa de ejecución), se selecciona un tamaño adecuado de pincel y la vista previa de esta pincelada orientará para saber lo que se va a clonar.

Se debe mantener la horizontalidad del fondo para que coincida la arena, el mar y las mismas tonalidades del fondo.

Para la parte más cercana se vuelve a marcar otro punto de origen por la arena blanca y se intenta mantener la inclinación de la pequeña duna. Es conveniente cambiar continuamente el punto de origen para que no se dupliquen áreas no deseadas.

Existe otro método para hacerlo con *PhotoShop,* ya que *Adobe* ha añadido una herramienta con IA generativa con la que podemos eliminar o cambiar elementos de una fotografía. Para ello hay que hacer una selección del globo, clic derecho del ratón y seleccionar **Eliminar y rellenar selección**.

9. Resumen

La introducción al retoque digital que se ha llevado a cabo en este capítulo, permitirá al usuario/a que se familiarice con algunas de las herramientas más comunes de los programas de tratamiento de imágenes. En primer lugar, siempre hay que tener presente el tamaño de la imagen que se va a trabajar y su resolución, para no llevarse sorpresas a la hora de su futura salida de impresión. El *software* que se utiliza es muy variado, aunque a nivel profesional el más utilizado bajo licencia, es *Adobe PhotoShop*, aunque *Gimp* también dispone de casi todas las funciones como se ha podido comprobar y su fácil adquisición, permite poder practicar con casi todas las herramientas a excepción de los colores Pantone.

Las imágenes pueden adquirir grandes mejoras mediante los ajustes de niveles, brillo, contraste o curvas, son recursos que para cualquier fotógrafo/a o diseñador/a es necesario dominar, así como la interpretación de los gráficos que ofrecen los histogramas. En cuanto al color, es otro aspecto a tener en cuenta ya que su salida impresa debe estar correctamente configurada para que el resultado sea similar a lo que se busca.

Por último, si lo que se pretende es alcanzar el máximo realismo o el mejor acabado de fotomontajes creativos, es conveniente que se practique con los recursos básicos de capas, canales, máscaras, trazados y filtros, así como las herramientas de restauración para clonar y las de corrección. Si se consigue el manejo minucioso de todas estas aplicaciones y se echa a volar la imaginación, el éxito del trabajo realizado estará asegurado.

Ejercicios de repaso y autoevaluación

1. ¿Cómo se llaman también las imágenes en mapa de bits compuestas por píxeles que se distribuyen dentro de una matriz?

   a. Imágenes matriciales.
   b. Imágenes raster.
   c. Imágenes bimapeadas.

2. La calidad de una imagen digital que indica el número de píxeles que hay en una unidad de medida, se llama:

   a. Pixelación
   b. Resolución.
   c. Rasterización.

3. Sopa de letras. Busque los nombres de 7 programas de tratamiento de imagen, 4 de uso libre y 3 con licencias de uso.

P	A	I	N	T	S	H	O	P	P	R	O	J	S	P
N	D	X	N	Y	E	I	A	S	H	Q	S	O	Q	I
A	A	P	I	G	Q	A	R	I	O	N	O	M	O	X
M	P	H	O	T	O	F	I	L	T	R	E	Y	F	E
T	L	O	N	L	F	T	N	E	O	R	K	V	T	L
A	Y	T	U	O	T	R	U	L	S	I	T	N	M	M
M	P	O	A	K	F	I	X	O	H	F	E	O	A	A
A	R	S	V	C	A	G	E	X	O	A	A	M	P	T
T	S	C	U	A	P	G	I	M	P	O	U	P	E	O
F	A	A	I	T	Q	A	R	G	M	N	O	M	Q	R
A	Y	P	U	O	T	R	U	L	P	I	T	N	K	Z
P	R	E	L	S	U	N	L	I	T	G	R	E	E	N

4. Complete las frases.

a. El espacio de color más amplio del modelo RGB es el _____.

b. El modelo _____ es el modelo de color que tiene un espacio de color fijo.

c. El espacio de color que se relaciona directamente con su dispositivo de impresión es el _____.

5. De las siguientes afirmaciones, indique cuál es verdadera y cuál es falsa.

a. Los vectores trabajan con píxeles.

□ Verdadero
□ Falso

b. Los programas más adecuados para dibujar, ilustrar o editar textos son los de retoque digital.

□ Verdadero
□ Falso

c. Adobe PhotoShop trabaja tanto en el entorno Windows como en Mac OS.

□ Verdadero
□ Falso

d. El formato PSD solo puede abrirse en Adobe PhotoShop.

□ Verdadero
□ Falso

e. Las capas se pueden cambiar de tamaño, pero no se pueden rotar ni voltear

□ Verdadero
□ Falso

6. Los recursos que se utilizan para trabajar imágenes independientes en distintos niveles como si fuera un collage, se llaman:

    a. Canales
    b. Capas
    c. Trazados

7. Si se ha copiado una selección flotante de una imagen mediante el atajo [Ctrl+C], ¿qué sucede si se usa la combinación de teclas [Ctrl+V] en un documento abierto de un programa de retoque digital?

    a. No sucede nada.
    b. El programa crea un texto con el nombre de la imagen.
    c. El programa crea una capa con la imagen.

8. La entrada de cada color en el sistema aditivo RGB o sustractivo CMYK se visualiza por sus...

    a. ... capas de color.
    b. ... canales de color.
    c. ... píxeles de color.

9. Complete las frases.

En el sistema aditivo RGB la máxima luz que entra en sus canales se reconoce por su tonalidad _____, en el sistema sustractivo se reconoce por su tonalidad _____.

10. Una de las herramientas de Adobe PhotoShop que permite crear trazados a mano alzada es...

    a. ... el lazo de forma libre.
    b. ... la varita mágica.
    c. ... pluma de forma libre.

11. **Para insertar una imagen dentro de un trazado en Adobe PhotoShop, se recurre a:**

    a. La máscara de capa.
    b. La máscara vectorial.
    c. La máscara de hierro.

12. **El gráfico que informa sobre la exposición y tonalidad de una imagen se llama:**

    a. Histograma
    b. Histográfico
    c. Canal gráfico

13. **Los niveles y curvas son:**

    a. Filtros
    b. Ajustes
    c. Tintas planas

14. **Si se quiere aplicar un efecto desenfocado de velocidad sobre un fondo se utilizará:**

    a. Filtro/desenfocar/bosquejar
    b. Filtro/desenfocar/movimiento
    c. Filtro/desenfocar/difuminar

15. **Para eliminar partes de una imagen utilizando como referencia otras zonas, se recurrirá a las herramientas:**

    a. De clonación
    b. De difuminar
    c. De texturizar

Capítulo 3

Creatividad con imágenes

Contenido

1. Introducción

Los programas de tratamiento de imagen abren un campo de posibilidades innumerables, desde un sencillo cambio de tamaño en una fotografía, a las múltiples opciones de restauración, fotomontajes, ajustes de color, iluminación, etc. pudiendo con ellos mejorar las fotografías, diseñar carteles, flyers, logotipos, etc. Todo aquello que se pase por la imaginación es prácticamente posible dentro de las posibilidades de bidimensionalidad que ofrecen.

En este capítulo se verá el diferente *software* que se puede encontrar en el mercado y también los de uso libre relacionados con el tratamiento de imágenes en mapa de bits y el dibujo vectorial. Es necesario ver las diferencias que existen entre ellos y las posibilidades que ofrecen para que los trabajos adquieran el mejor acabado, por tanto, es necesario conocer qué programa es el más adecuado para cada necesidad y no limitarse a un único *software* para todo.

Por otro lado, también se tratarán algunos de los recursos gráficos imprescindibles para encuadrar y recortar las imágenes con precisión, además de conocer los efectos de fusión cromática para realizar fondos, fotomontajes o *collages* de buena calidad de presentación.

La constancia, la práctica con las herramientas y el buen hacer de un trabajo creativo y minucioso con estos programas, son los que realmente ofrecerán una eficaz entrega y un excelente acabado final.

2. *Software* idóneo para cada caso

A la hora de trabajar con imágenes, se recurre a los programas de retoque digital para editarlas y transformarlas, pero en ocasiones se puede encontrar la necesidad de insertar dibujos propios o formas vectoriales para completar un diseño, para estos casos, se suele hacer uso de programas vectoriales, es decir, programas que permiten crear trazados que no están basados en píxeles y cuyo resultado ofrece una definición absoluta totalmente reescalable sin pérdida de calidad, ya que no se fundamentan por una resolución sino por un proceso matemático que permite construir formas definidas por puntos o nodos.

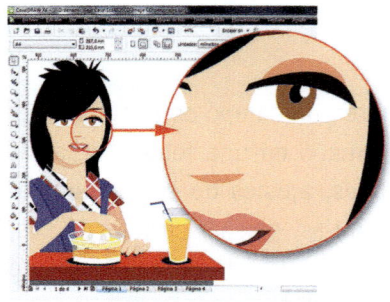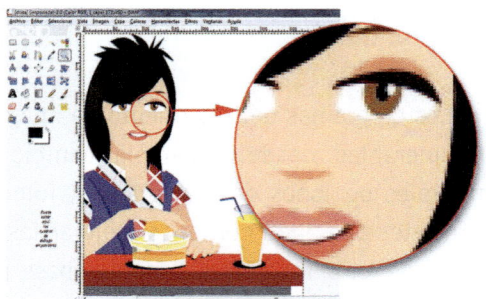

El acabado continuo del trazo vectorial (CorelDraw, a la izquierda) ofrece una diferencia notoria, comparada con el de mapa de bits de la misma imagen (Gimp, a la derecha).

2.1. *Software* vectorial

Al igual que los programas de tratamiento de imágenes, también existen programas vectoriales que funcionan bajo una licencia comercial y otros de uso libre. Los más habituales en el campo del diseño gráfico y la ilustración son bajo licencia: *Adobe Illustrator, CorelDraw* o *ZonerDraw* y para uso libre: *InkScape, Sodipodi* o *Skencil.* Todos ellos disponen de herramientas de dibujo vectorial que permiten crear formas geométricas y líneas de diversos tipos, abiertas o cerradas, pudiendo editarlas en cualquier momento. Los textos también son totalmente manipulables para poder modificarlos y adaptarlos alrededor de trazados complejos o incluso conseguir efectos tridimensionales.

De izquierda a derecha, diferentes interfaces de los programas gráficos vectoriales de diseño gráfico e ilustración: Adobe Illustrator, CorelDraw e InkScape.

El uso de este tipo de programas está dirigido principalmente para el diseño de logotipos, marcas, ilustraciones y cualquier material publicitario como tarjetas, carteles, etiquetas, etc. aunque no son los más adecuados para maquetar folletos, catálogos o revistas con mucho texto; para estos casos se recomiendan programas específicos para la autoedición también basados en vectores como *Adobe Indesign*.

Otros programas que también trabajan mediante gráficos vectoriales son los programas de CAD y 3D, son los más adecuados para el diseño y construcción de planos y objetos o personajes tridimensionales, algunos de los más usados bajo licencia son *AutoCAD, ArchiCAD, 3DMax* o *MicroStation* y entre los de uso libre: *Blender, SketchUp* o *LibreCAD*.

2.2. *Software* Mapa de bits

El *software* que trata las imágenes en mapa de bits, es todo aquel que permite la edición y tratamiento de estas como se pudo ver en el capítulo anterior. Algunos de los que funcionan bajo licencias comerciales son *Adobe PhotoShop, PaintShop Pro* o *Pixelmator* y los de uso libre: *Gimp, PhotoFiltre, Photoscape, Fotografix* o *SunlitGreen*.

Si el trabajo requiere el uso de imágenes en mapa de bits para luego insertarlas en programas de gráficos vectoriales, lo más aconsejable es utilizar más de un *software,* ya que cada uno de ellos ofrece las herramientas más adecuadas para cada necesidad.

 Actividades

1. Investigue las características que ofrecen cada uno de los *software* mencionados, clasifique y compare las ventajas y desventajas más destacadas que encuentre en cada uno de ellos.

Si hubiera que crear un fotomontaje para insertarlo en un cartel publicitario que necesite mostrar un logotipo y varios textos, lo más adecuado sería diseñar y realizar dicho montaje en un programa de tratamiento de imágenes, con una resolución mínima de 300 ppp. Este montaje debería tener el mismo tamaño del cartel final pero se debería evitar insertar los textos, logotipos o cualquier otro tipo de formas gráficas. El montaje final en mapa de bits se almacenaría con un formato que no tuviera demasiada pérdida de calidad (TIFF o JPG) y además, las capas deben acoplarse para que no surjan incompatibilidades de formato.

Para insertar imágenes en los programas de diseño vectorial, normalmente se utilizan órdenes que se encuentran en el menú desplegable **Archivo/Colocar** *(Adobe Illustrator)* o **Archivo/Importar** *(CorelDraw o InkScape).* Se coloca la imagen en el fondo y sobre esta se insertan los textos, formas o logotipos.

Mapa de bits   Gráficos vectoriales

Para la composición de un cartel, se crea el fotomontaje con imágenes en mapa de bits (a la izquierda) y se inserta en un programa de gráficos vectoriales (en el centro) para crear los textos, formas y logotipos. El resultado del cartel se ve a la derecha.

Los textos se insertan con la herramienta **Texto** *(T) o (A)* haciendo un simple "click" sobre la página si se quiere escribir un titular, o creando una caja con esta herramienta para escribir un párrafo. Las propiedades del texto (tipografía, estilo, tamaño, etc.) se configuran en el menú **Propiedades** de la parte superior. Los textos se pueden mover, escalar o rotar seleccionándolos previamente y tirando de alguna de sus esquinas.

Los programas de dibujo y diseño gráfico vectorial son bastante similares en su uso y sobre todo, sea cual sea el objeto gráfico que se inserte, se podrá editarlos o transformarlos un número infinito de veces, que nunca se verán afectados en su la calidad vectorial final.

 **Actividades**

2. Seleccione entre revistas y prensa algunas publicidades gráficas, obsérvelas y señale los elementos gráficos vectoriales y las imágenes en mapa de bits que componen los anuncios.

En los programas 3D, también se utilizan imágenes en mapa de bits para aplicarlas como escenario de fondo o como texturas de objetos y personajes. Gracias a las texturas, se consigue el resultado realista del modelado tridimensional, además estos programas, disponen de efectos de iluminación para ofrecer al espectador una mejor simulación del ambiente que representa.

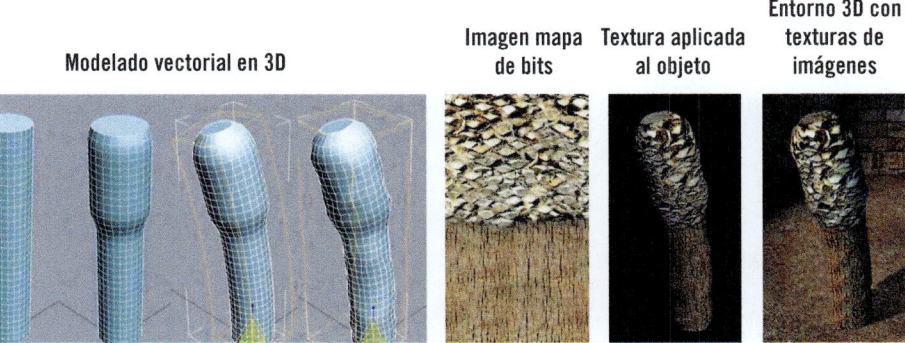

Modelado vectorial en 3D　　**Imagen mapa de bits**　**Textura aplicada al objeto**　**Entorno 3D con texturas de imágenes**

Los programas 3D permiten construir objetos tridimensionales mediante gráficos vectoriales y reciben su realismo final gracias a las imágenes en mapa de bits como se aprecia en este ejemplo de la construcción de un tronco de palmera.

De hecho, muchas presentaciones finales de edificios u objetos industriales, terminan tratados con programas de retoque digital para crear una publicidad más realista.

Actividades

3. Observe y busque por su entorno, alguna nueva construcción o rehabilitación de algún edificio de viviendas, oficinas, hoteles, etc. Normalmente colocan vallas publicitarias que muestran la obra acabada y así se sabrá cómo quedará ese edificio ubicado en el lugar de la construcción. Son fotomontajes creados con programas de tratamiento de imagen, mezclando la imagen real de fondo y la nueva construcción realizada con programas 3D. Busque y defina en la valla que localice qué es fotografía y qué es modelado vectorial.

3. Recursos gráficos para el tratamiento de imágenes

En fotografía y diseño gráfico se utiliza una multitud de recursos gráficos para poder componer todo aquello que se pase por la imaginación. A la hora de hacer una composición o fotografía hay que tener en cuenta aspectos tan importantes como la distribución de los elementos, los colores o los efectos finales como la iluminación, y son los programas de tratamiento de imágenes los que permiten mejorar o completar todo aquello que una cámara fotográfica no permite.

3.1. El encuadre y reencuadre

Encuadrar significa ubicar dentro de un cuadro las formas y elementos que se disponen en una composición. Las cámaras fotográficas determinan una serie de formatos para que el fotógrafo decida las proporciones de su captura, normalmente suelen ser los formatos 4:3, 3:2 y 16:9, pero también se pueden asignar otros formatos personalizados con el programa habitual de tratamiento de imagen para poder reencuadrar la imagen. Ahora con los *smartphones* y las redes sociales, han surgido nuevos formatos de imagen como es el 4:5, 9:16 o 1,91:1.

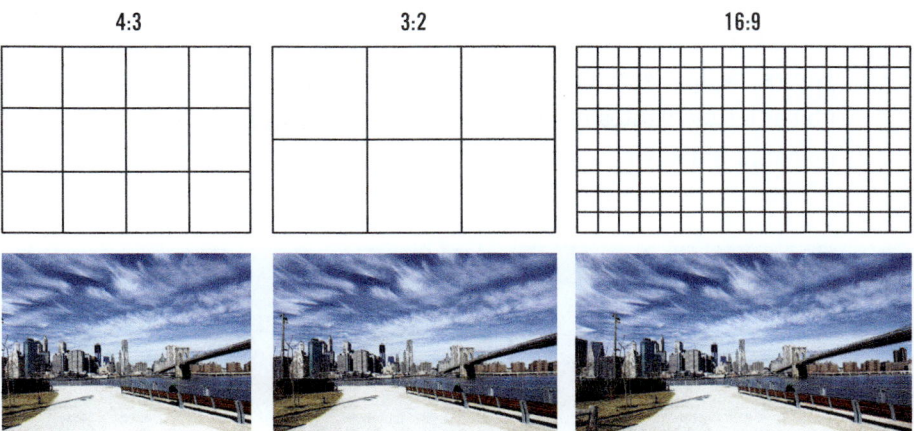

Muestra de los tres formatos más habituales de las cámaras fotográficas

A la hora de reencuadrar las fotografías, se recurre a los programas de retoque digital y estos permiten estructurar la composición tanto en la proporción del tamaño como mediante una serie de reglas estandarizadas que ayudan a ubicar los elementos o líneas principales de la composición para que el recorrido visual y la propia composición queden equilibradas.

En *Adobe PhotoShop*, la herramienta **Recortar** que se encuentra dentro de la barra de herramientas principal, permite encuadrar y reencuadrar la imagen basándose en unas reglas básicas para la distribución de elementos dentro de la composición. Al seleccionarla, da lugar a una serie de opciones en la barra de propiedades como son: **la regla de los tercios, cuadrícula, diagonal, proporción dorada** o **espiral dorada.** Son soluciones que visualizan en el marco de encuadre una serie de líneas que ayudan a crear una composición más equilibrada donde el centro de interés no exige estar obligatoriamente en el centro o abarcando toda la imagen. El marco del encuadre cambia de tamaño al seleccionarlo por alguna de sus esquinas y puede rotarse al salir del cuadro.

A la hora de encuadrar una fotografía, se puede recurrir a unas guías o marcas de ayuda convencionales que facilitan una mejor distribución de los elementos e incluso aportan más dinamismo a estos. Suelen incorporarse en las herramientas de recorte de los programas de tratamiento de imágenes y se clasifican así:

- **La regla de los tercios:** la imagen se divide en nueve partes iguales y los puntos de intersección o puntos fuertes, son los más adecuados para ubicar los elementos principales de la fotografía ya que producen efecto de continuidad y equilibrio visual.

En PhotoShop se puede recortar y encuadrar la imagen según las guías de superposición, como por ejemplo la regla de los tercios (a la derecha).

- **Cuadrícula:** permite controlar la distribución uniforme de los elementos para un mejor encuadre.
- **Diagonal:** la composición adquiere más dinamismo si los protagonistas o elementos de la fotografía o el diseño, se colocan entre líneas diagonales ascendentes o descendientes.

Cuadrícula   **Diagonal**

La opción cuadrícula permite encuadrar equilibradamente y la diagonal ofrece dinamismo a la composición.

- **Proporción dorada:** es el concepto de relación proporcional que ofrecen multitud de elementos de la naturaleza como las flores, las caracolas e incluso partes del cuerpo y que, el ser humano reconoce desde la antigüedad para relacionar las formas bien proporcionadas.

- **Espiral dorada:** es la espiral logarítmica asociada directamente al rectángulo resultante de la proporción dorada.

Proporción dorada   **Espiral dorada**

La proporción y espiral dorada ofrecen un equilibrio basado en las proporciones innatas de muchos de los elementos de la naturaleza.

 ## Actividades

4. Investigue en internet y busque la relación de la proporción y la espiral dorada con los elementos de la naturaleza, le sorprenderá la gran cantidad de formas que crecen en el planeta basándose en esa proporción.

En el programa *Gimp*, también se puede encuadrar y recortar la imagen en base a unas guías de superposición orientativas para un equilibrado ajuste del conjunto. Se encuentran en el menú **Opciones** de la **Herramienta de Escalado.** En el momento de crear un marco alrededor de la imagen con esta herramienta, se puede cambiar el estilo de las guías y se visualizarán directamente sobre la imagen para guiar sobre cómo hacer el encuadre más equilibrado. En *Gimp* además, hay opción a configurar más estilos de guías como las **Líneas medias** para reconocer las divisiones a la mitad de la imagen, la **Regla de los quintos,** similar a la de los tercios pero con una división en 25 partes o la opción

Número y Espaciado de líneas que crea una división personalizada en base a porciones horizontales.

Arriba, la herramienta de escalado y sus guías de encuadre. Abajo, visualización del modo Líneas medias.

Actividades

5. Prepare su cámara digital o móvil y realice varias fotografías con diferentes encuadres del mismo objeto y manteniendo en todas ellas la regla de los tercios.

Aplicación práctica

La revista *NatuPlanet magazine* ha facilitado estas 4 fotografías para que se realice un fotomontaje vertical en tamaño A5 (148 x 210 mm) para usarlo como portada para su ejemplar nº 500.

Se debe presentar una propuesta con la imagen (1) como fondo y las otras tres (2, 3 y 4) repartidas en una columna vertical en la zona izquierda del documento para mantener el estilo general de la revista. Estas tres imágenes hay que recortarlas y encuadrarlas siguiendo la Regla de los tercios.

Continúa en página siguiente >>

<< Viene de página anterior

En el montaje, se debe reservar un espacio en el margen superior para colocar el nombre de la revista y otro espacio en toda la mitad derecha para escribir los titulares que identifican las tres fotografías colocadas en columna.

Hay que diseñar además el texto que da nombre a la revista "NatuPlanet magazine", hay que crear unos titulares ficticios que anuncien los artículos de las fotografías y explicar cómo se ha desarrollado la fotocomposición en mapa de bits y la presentación final vectorial.

SOLUCIÓN

En primer lugar se debe crear el documento vertical desde el menú **Archivo/Nuevo** del programa de tratamiento de imagen. Se indica el tamaño que se solicita: 148 x 210 mm y con una resolución de 300 ppp será suficiente.

Se abre también la Imagen (1), se selecciona con un marco rectangular, se copia [Ctrl+C] y se pega [Ctrl+V] en el documento nuevo. Se creará una capa con esta imagen y se transformará su tamaño para ajustarla a las dimensiones del fondo: Menú **Edición/Transformar** *(Adobe PhotoShop)* o **Herramienta de escalado** *(Gimp),* procurando no perder las proporciones y dejando un buen espacio en la zona derecha sin cambios bruscos cromáticos para colocar más adelante los titulares.

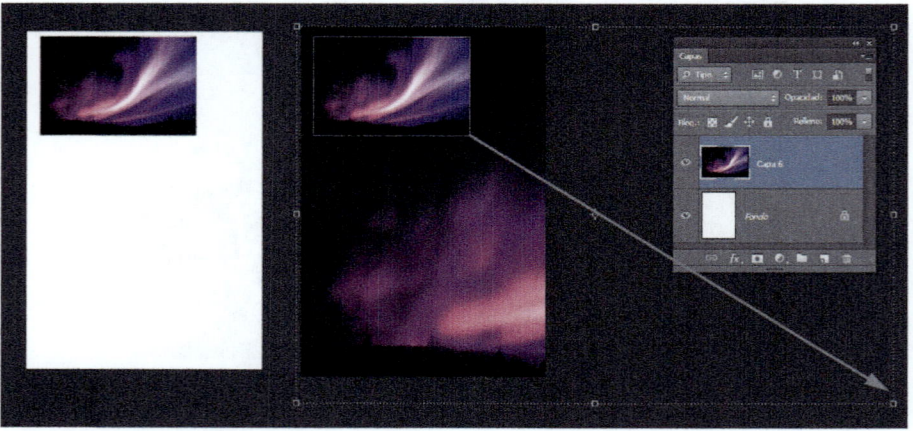

Se transforma el tamaño de la capa en diagonal para no perder la proporción de la imagen.

Se abre una de las fotos de los animales y se recorta usando como guía la **Regla de los tercios** y ubicando al personaje, completo o solamente su cabeza, en uno de los puntos fuertes

Continúa en página siguiente >>

<< Viene de página anterior

o intersecciones de las guías que marcan esta regla en la composición. Se selecciona, se copia la imagen y se pega en el documento de montaje. Se transforma la escala de la capa hasta adquirir el tamaño deseado.

Para mantener la regla de los tercios, se debe ubicar alguno de los puntos de intersección de las guías sobre el personaje o elemento protagonista.

Se repiten estos últimos pasos con las otras dos fotografías de animales y se colocan una sobre otra formando una columna en la parte inferior izquierda del documento para dejar espacio a los textos.

Montaje de las capas en Adobe Photoshop

Continúa en página siguiente >>

<< Viene de página anterior

Montaje de las capas en Gimp

Una vez definido el fondo, se guarda el montaje en formato JPG o TIFF. Se aconseja guardar también el documento en el formato original del programa, es decir, PSD en Adobe *PhotoShop* o XCF en *Gimp,* por si se necesita hacer algún cambio más adelante en las capas.

Se inicia el programa habitual de diseño gráfico vectorial, por ejemplo *Adobe Illustrator, CorelDraw* o *InkScape* para introducir los textos del cartel.

Se crea un nuevo documento en el programa vectorial con las mismas medidas, es decir, un A5 (148 x 210 mm) y en esta ocasión no se definirá la resolución porque este tipo de *software* al ser vectorial no necesita resolución de salida.

Se busca la opción **Archivo/Importar** o **Colocar** y se localiza el archivo del montaje.

Visualización de las imágenes insertadas en el programa vectorial. De Izquierda a derecha: Adobe Illustrator, CorelDraw e InkScape.

Continúa en página siguiente >>

Con la herramienta **Texto** (T) o (A), se hace clic sobre el documento y se escribe tantos textos como se necesite, nombre de la revista para la parte superior, el nº de ejemplar y los tres titulares ficticios para informar sobre los artículos que muestran las imágenes. Para cambiar la tipografía, color o tamaño, solo se debe seleccionar el texto escrito con la herramienta de selección con forma de puntero y modificar las propiedades del texto.

Se aconseja mantener un estilo y equilibrio tipográfico, alinear bien los elementos y buscar tonos cromáticos que se integren coherentemente en la composición.

Propuesta final

? Sabía que...

Las imágenes basadas en píxeles no se suelen modificar en los programas vectoriales. De hecho, toda modificación realizada sobre ellas en estos programas no permiten guardarlas con su propio formato, sino que para que vuelvan a tener una salida en mapa de bits, hay que indicar desde el programa vectorial la orden Archivo/Exportar.

3.2. Color, blanco y negro, monocolor, bitono

Las imágenes habitualmente se encuentran a todo color, se escanean y se disparan fotografías donde el color es la primera apariencia que se ve. Sin embargo, gracias a los programas de tratamiento de imágenes, se puede modificar su grado cromático limitándolo a uno, dos o tres tonos y además también se puede eliminar toda la información de color convirtiendo la imagen en escala de grises o blanco y negro.

El color

Las fotografías que se tratan digitalmente para trabajar con los programas de retoque, están definidas por la combinación de los tres canales luz RGB, ya que normalmente su captura digital se realiza mediante cámaras o escáneres y solo en los casos de su futura impresión digital, se cambia su modo de color a CMYK.

Como se ha podido ver en anteriores capítulos, el modo RGB es un espacio de color muy amplio que abarca hasta 16,7 millones de colores, asignando a cada píxel un valor de intensidad que puede oscilar entre 0 (negro) y 255 (blanco) para cada uno de los canales RGB de una fotografía, de ahí que por ejemplo, el rojo más brillante y puro sea la combinación (255,0,0), el verde (0,255,0) o el azul (0,0,255).

Sin embargo, el color de los píxeles puede ser totalmente variable pudiendo cambiar la tonalidad general de una imagen mediante ajustes específicos que ofrecen los programas de tratamiento de imágenes.

Los ajustes de una imagen suelen ser variaciones de intensidad, brillo, contraste, cambios cromáticos mediante giros de la paleta de color o simplemente añadidos de tonalidades concretas como si de filtros fotográficos se trataran. Se utilizan para mejorar o para cambiar el aspecto general de la fotografía, pero deben utilizarse con precaución ya que si se aplican directamente a la capa de la imagen, la información del color original se irá perdiendo a medida que se le vayan asignando estos ajustes. Los ajustes más comunes que se suelen encontrar en casi todos los programas de retoque digital son:

- **Tono y Saturación.** Es un ajuste de color que permite cambiar la gama cromática de toda una imagen, una selección o una capa. En *Adobe PhotoShop* esta orden se encuentra en el menú **Imagen/Ajustes/Tono Saturación** y en *Gimp* en el menú **Colores/Tono y Saturación.** Al activar este comando, se podrán intercambiar los colores moviendo el orden de la paleta cromática mediante el ajuste **Tono,** igualmente, se puede corregir tanto la **Luminosidad** como la **Saturación** del color, viendo en todo momento la vista previa de estos cambios.

El comando Tono y Saturación permite cambiar la tonalidad de la imagen como se puede apreciar en la parte superior con Adobe PhotoShop y en la inferior con Gimp.

- **Rotar los colores.** Es una opción que dispone el programa *Gimp* en el menú **Colores/Mapa/Rotar colores,** que permite reemplazar la gama cromática mediante unas ruedas de color que al girar, intercambia los colores en el sentido de la rotación que se aplique, pudiendo bloquear algunos tonos originales y cambiar otra tonalidad más puntual de la imagen.

- **Reemplazar color**. En *Adobe PhotoShop* esta opción, que se encuentra en el menú **Imagen/Ajustes/Reemplazar color,** permite cambiar puntualmente una tonalidad bien definida seleccionando desde la ventana emergente, un color determinado de la imagen, pudiendo añadir o restar mediante unas cuentagotas, otras intensidades del mismo color para efectuar ese cambio. En la parte inferior de la ventana aparecen las opciones de **Tono y Saturación** para realizar las variaciones cromáticas.

Arriba, la opción Rotar los colores de Gimp. Abajo la opción Reemplazar color de Adobe PhotoShop.

■ **Equilibrio y Balance de color.** Son unos ajustes que no cambian radical-
mente los colores, sino que añaden o restan al color original algunos de
los tonos primarios de RGB o CMY. Es un ajuste más sutil donde la variedad tonal es más progresiva y permite corregir por ejemplo fotografías
con un excesivo color dominante. En *Adobe PhotoShop* se encuentra
en el menú **Imagen/Ajustes/Equilibrio de color** y en *Gimp* en el menú
Colores/Balance de color.

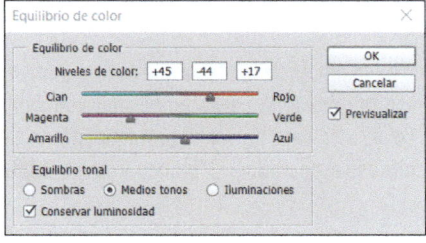

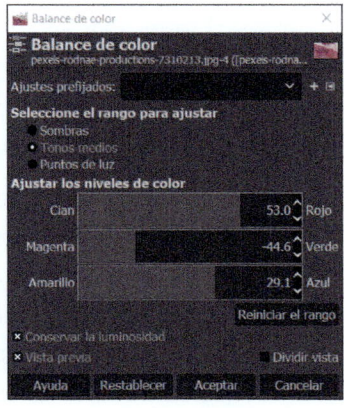

*Una imagen con una excesiva tonalidad puede
corregirse con el Equilibrio o Balance color. A
la izquierda se ve una fotografía original y a la
derecha, el resultado tras pasar por este ajuste.
Abajo se ve la ventana emergente que surge en
Adobe PhotoShop (arriba) y Gimp (abajo).*

Actividades

6. Busque en su álbum de fotos de recuerdos, alguna fotografía de los años 70-80 donde aprecie una tonalidad dominante. En ocasiones, los revelados de esa época solían dejar tonos rojizos, amarillentos o azulados en sus impresiones, escanéela e intente corregirla con el ajuste Equilibrio o Balance de color.

Blanco y negro

Convertir una imagen en blanco y negro quiere decir que la fotografía perderá toda la información de color convirtiendo cada píxel en un tono gris determinado con un porcentaje de luminosidad o brillo que oscila entre el negro (0 %) y el blanco (100 %).

Sabía que...

La fotografía en blanco y negro no pasa nunca de moda ya que es la manifestación original de esta expresión artística, transmite una gran carga emocional y embellece el motivo fotografiado porque, si no hay color, este deja de ser el protagonista en la composición y no distrae ni desvía la atención del espectador. El blanco y negro capta y transmite sentimientos más directos.

Hay varias formas de convertir estas imágenes en escala de grises o blanco y negro. Por un lado la conversión directa de la imagen con el comando del menú **Imagen/Ajustes/Desaturar** en *Adobe PhotoShop* o mediante el menú **Colorear/Desaturar** en *Gimp*. Esta es la conversión más rápida, pero los píxeles pierden su color automáticamente sin poder gestionar apenas ninguna intensidad de la imagen. *Adobe PhotoShop* sin embargo, dispone de otro ajuste más personalizado en el menú **Imagen/Ajustes/Blanco y negro.** Esta opción permite tratar independientemente la conversión de los colores primarios RGB y CMY indicando el porcentaje de intensidad para cada gama de rojos, amarillos, verdes, cianes, azules y magentas.

Cuando se convierte una imagen a blanco y negro, hay que tener en cuenta el contraste final, por lo que se recomienda después de desaturar la imagen, ajustar el brillo y contraste mediante los **Niveles o Curvas** para que la fotografía muestre los blancos y negros puros como base para visualizar los tonos medios de toda la imagen.

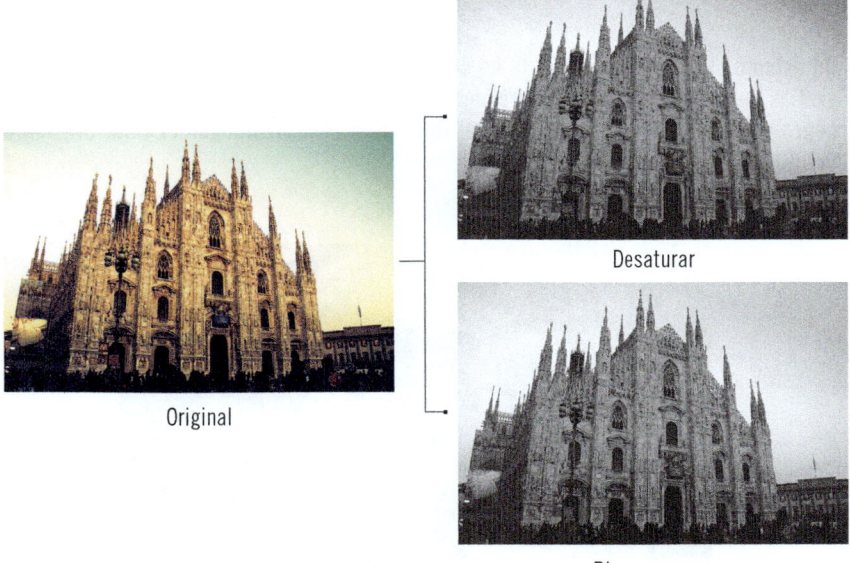

Original

Desaturar

Blanco y negro

En la imagen superior derecha se aprecia la eliminación del color mediante la opción Desaturar. En la parte inferior, la imagen convertida mediante el ajuste Blanco y negro de Adobe PhotoShop.

Actividades

7. Realice una práctica convirtiendo una fotografía de algún paisaje de color a blanco y negro, intente ajustar el brillo y contraste hasta conseguir puntos o áreas blancas y negras puras para que se equilibren los medios tonos de grises. Compare el resultado y describa qué sensaciones le sugiere.

Continúa en página siguiente >>

<< Viene de página anterior

8. Busque algún fotograma de la película clásica de King Kong de 1933 en blanco/negro y otro de la versión a color de 2005. Saque sus propias conclusiones de cuál de ellas crees que transmite cromáticamente más emotividad, dejando de lado los efectos digitales.

🔧 Aplicación práctica

Un estudio de fotografía social le ha encargado un retoque digital de una de las fotografías de la boda de uno de sus clientes. Le piden que el fondo aparezca en blanco y negro y que la pareja, su mascota y el ramo de flores, mantengan el color original de la fotografía.

Teniendo en cuenta que, las capas pueden duplicarse pulsando sobre ellas con el botón secundario del ratón. Realice y explique cómo lo va a llevar a cabo. Se aconseja hacer uso de las máscaras de capa.

SOLUCIÓN

Se abre la imagen que el estudio fotográfico le ha facilitado y debe duplicar la capa pulsando con el botón secundario sobre la capa que muestra la ventana emergente de capas.

Continúa en página siguiente >>

<< Viene de página anterior

Una vez duplicada, deberá desaturar o convertir en blanco y negro la imagen duplicada mediante los ajustes de imagen que ofrecen los programas de retoque digital: **Desaturar o Blanco y negro**.

Duplicado de la imagen original como nueva capa desaturada o convertida en blanco y negro en Adobe PhotoShop y Gimp.

Como se vio en el capítulo anterior, las máscaras de capa permiten ocultar partes de una imagen utilizando el negro como color frontal y permiten restaurarlas con el color blanco, por tanto deberá aplicar una máscara de capa a la capa de la imagen desaturada.

Continúa en página siguiente >>

<< Viene de página anterior

Las máscaras de capas permiten ocultar zonas de una imagen.

Al pasar sobre la capa desaturada con la herramienta pincel, con el color negro como color frontal, el área por la que se pasa se ocultará, dando paso a la imagen en color que queda en la capa inferior. La precisión y dureza de la pincelada determinará el buen acabado de esta tarea.

Continúa en página siguiente >>

<< Viene de página anterior

Propuesta final

Monocolor

El monocolor es la conversión de una imagen a un único tono, es un ajuste que se puede aplicar por varias vías, por ejemplo desde el menú **Imagen/Ajustes/TonoSaturación** de *Adobe PhotoShop.* La ventana emergente tiene la opción **Colorear** en la parte inferior derecha y permitirá convertir la imagen a una escala de grises coloreada, es decir, a un único tono que se configura mediante el modulador **Tono.** También se puede optar al monocolor por el ajuste del apartado anterior, **Imagen/Ajustes/Blanco y negro.** En la parte inferior de la ventana se puede activar la opción **Matiz** y se podrá elegir el color también mediante el modulador de tono y su intensidad mediante la saturación.

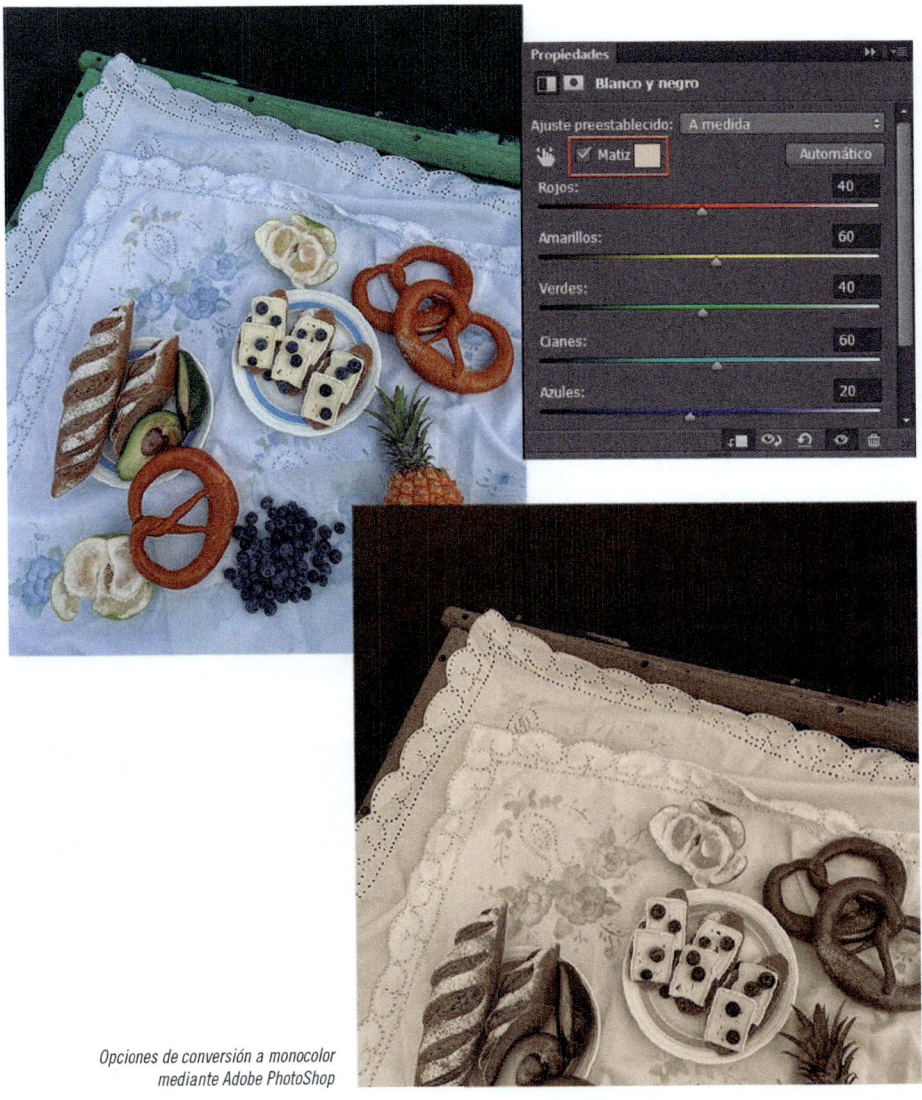

*Opciones de conversión a monocolor
mediante Adobe PhotoShop*

Si se trabaja con *Gimp*, también se dispone de dos opciones para convertir a un solo tono. Las dos se llaman **Colorear,** una de ellas está en **Colores/Colorear** y la otra en **Colores / Mapa / Intercambio de color.** La primera simplemente hace un coloreado general por toda la imagen variando el tono, la saturación y la luminosidad. La segunda opción de **Colorear** reemplaza todos los colores de la imagen por un color concreto a modo de cristal tintado.

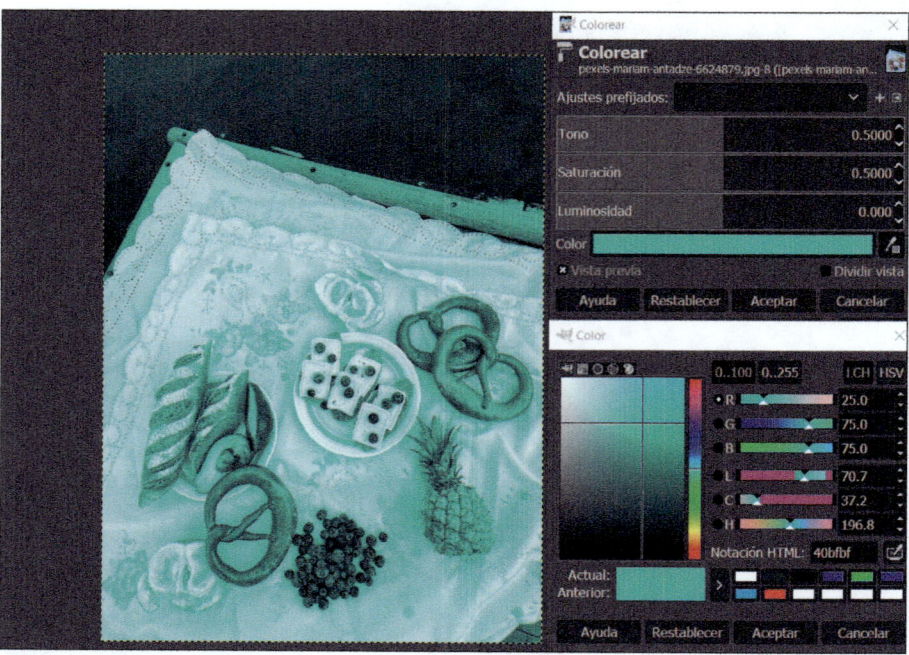

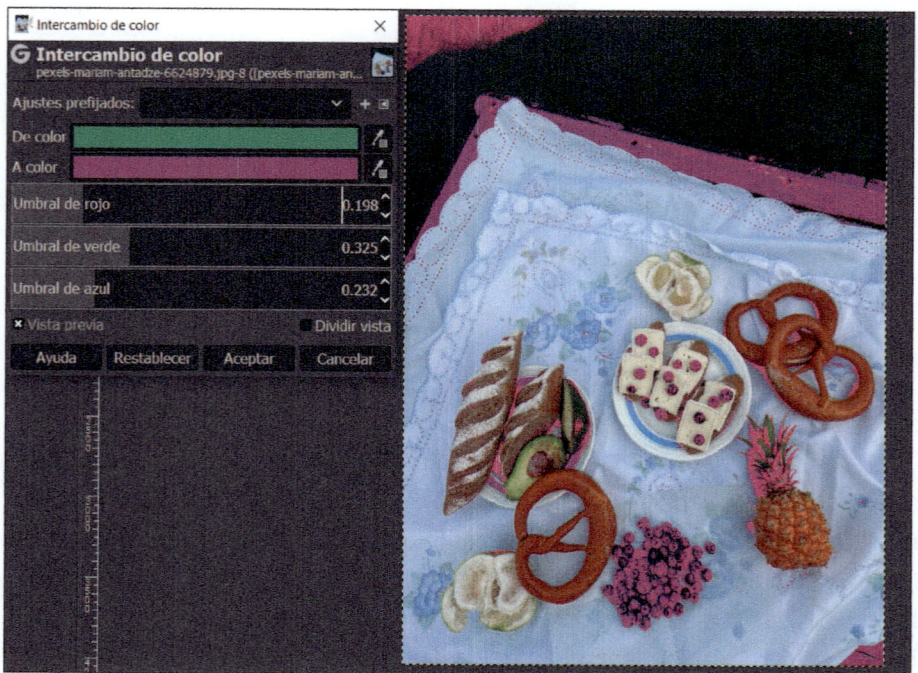

Opciones de conversión de coloreado con Gimp

Actividades

9. Elija una imagen y aplique en diferentes selecciones rectangulares contiguas una gama monocromática de los siete colores del arcoíris.

Bitono

El Bitono o Duotono es la impresión de una imagen en escala de grises a dos tintas en lugar de a una. Normalmente se utiliza el negro más un color directo para conseguir una simulación de virado a un color que no sea negro puro.

En *Adobe PhotoShop* se pueden convertir las imágenes a **Duotono** siempre y cuando antes hayan pasado por el menú **Imagen/Modo/Escala de grises.** Esta conversión elimina por completo la información de color, pudiendo acceder después al menú **Imagen/Modo/Duotono,** dentro del cual se puede configurar a monotono, duotono, tritono o cuadritono.

Este camino de conversión se utiliza principalmente para reducir el número de planchas de impresión de una imagen. En *Gimp*, sin embargo, se puede convertir el modo a escala de grises pero no dispone del modo Duotono.

Aunque realmente, si lo que interesa es reconocer dos únicas tonalidades en la imagen sin tener que convertir el modo de color RGB, se puede recurrir a la opción **Imagen/Ajustes/Mapa de degradado** en *Adobe PhotoShop* o al menú **Colores/Mapa/Mapa de degradado** en *Gimp.*

La herramienta degradado puede configurar varias tonalidades para aplicar gradualmente sobre una imagen, capa o selección, pero si se utiliza como mapa de degradado, no adquiere un estilo o forma gradual, sino que la fotografía adquirirá los colores que tenga asignado el degradado. Si se limita el degradado a dos únicos colores, se podrá apreciar claramente el efecto Bitono.

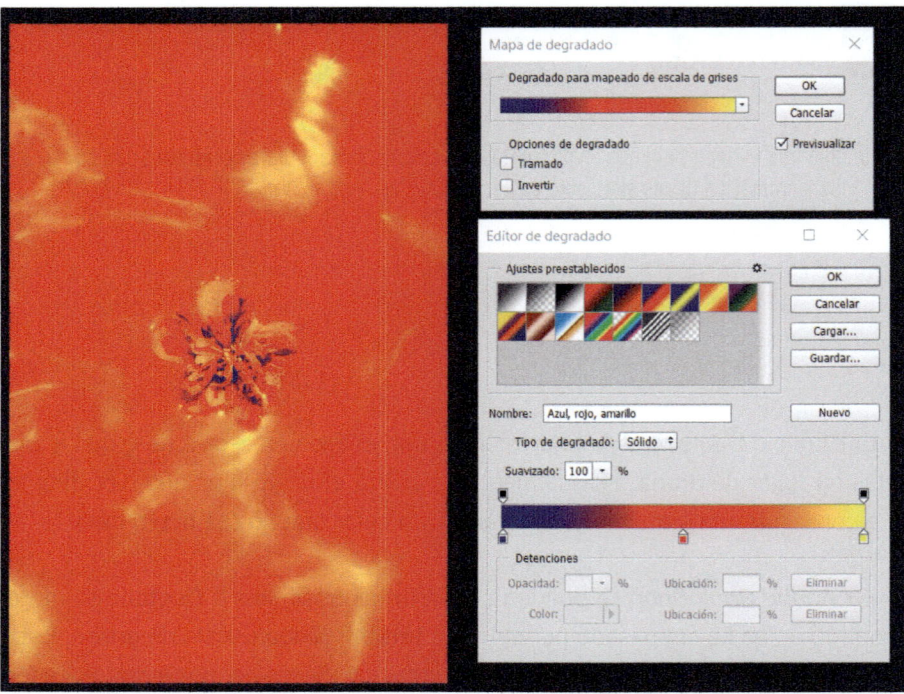

Efecto resultante del mapa de degradado en Adobe Photoshop

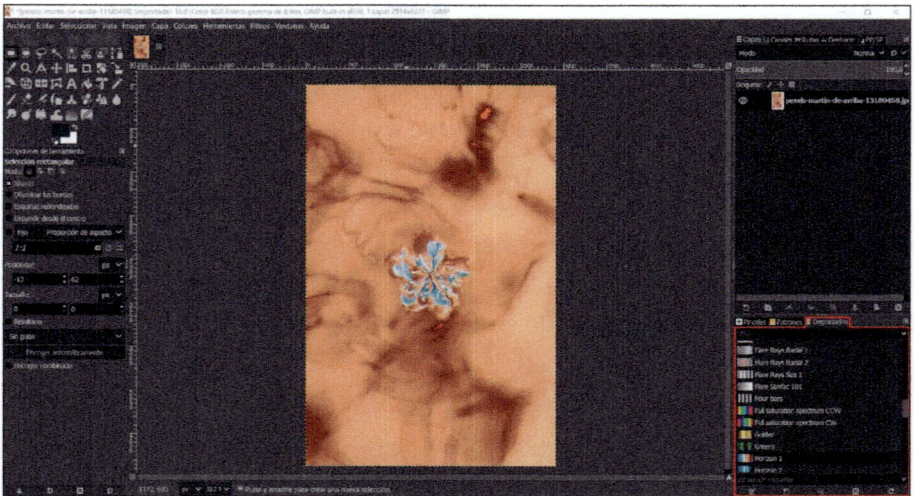

Original y mapa de degradado en Gimp

Actividades

10. Duplique una misma fotografía de retrato cuatro veces y distribúyalas en un documento A4. Aplique sobre cada una de ellas diferentes mapas de degradados a dos colores para simular un cuadro de la época del PopArt.

3.3. Recorte, trazados, integración

En ocasiones, los fotomontajes realizados con programas de retoque digital necesitan de múltiples recortes para eliminar la información sobrante de una imagen y como se vio en apartados anteriores, se puede recurrir a varios métodos, por un lado las máscaras de capa, que permiten ocultar parte de la información mediante herramientas como el pincel o el degradado. Por otro lado, los trazados, formas basadas en vectores que permiten crear un perfil alrededor de una imagen para después insertar la imagen dentro de esa forma.

Sin embargo, también existen otras formas de recorte para los dos programas que se están tratando.

Recorte

Por ejemplo, en *Gimp* se puede recortar el perfil de una figura bien contrastada, simplemente pasando alrededor de ella con la herramienta **Selección del primer plano.** Si se rodea por completo la figura con esta herramienta, al cerrar la forma, esta se transformará en una máscara azul que permitirá pintar en su interior para precisar la gama cromática que se quiere seleccionar, al soltar, la máscara azul se limitará a marcar los colores que se hayan manchado en su interior. Una vez definida la forma, se pulsa [Intro] y la máscara se convierte en selección. Para crear el recorte final se recurre al menú **Capa/Máscara/Añadir máscara de capa.**

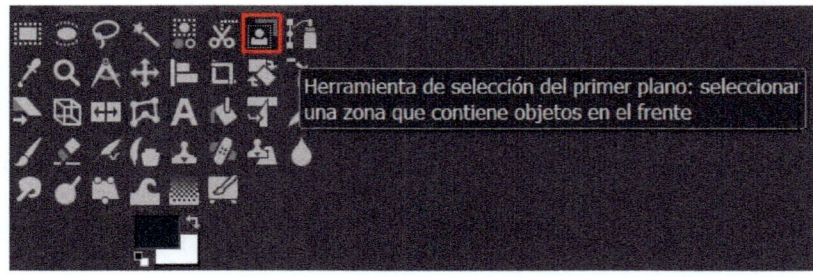

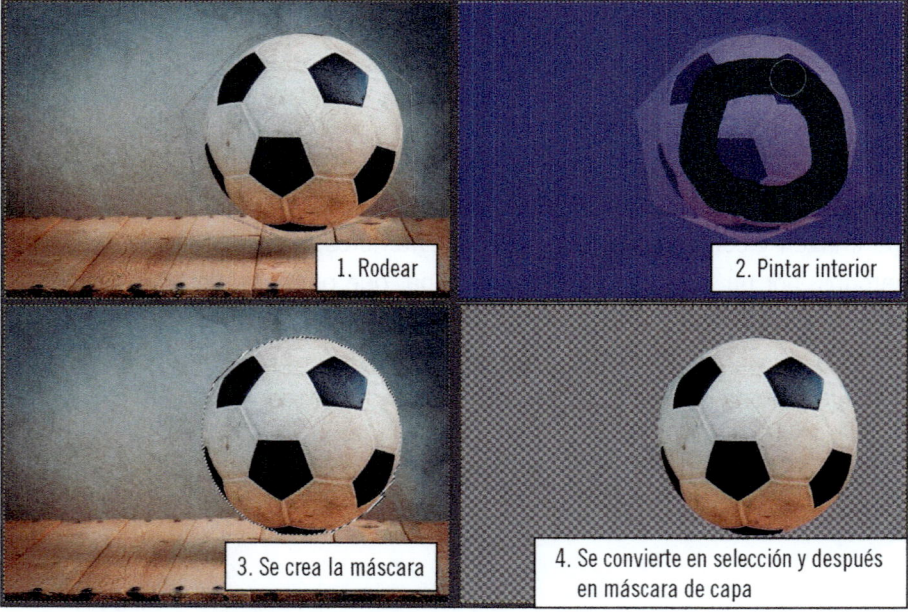

Pasos a seguir para crear un recorte de una imagen en Gimp con la herramienta Selección del primer plano

En *Adobe PhotoShop*, existen las llamadas **máscaras rápidas,** que permiten crear selecciones mediante las herramientas de pintura como el **Pincel.** Se activan en la parte inferior de la barra de herramientas y si se hace doble clic, se podrá configurar para que se convierta después en **Área seleccionada.** Una vez activa, se pinta alrededor de la forma, por ejemplo con el pincel con el color frontal negro y se creará una máscara rojiza. Si se pinta con blanco se borra. Una vez cubierta la forma, se desactiva la máscara rápida y se convertirá en selección flotante que se podrá pasar a máscara de capa desde el menú **Capa/ Máscara de capa/Descubrir selección.**

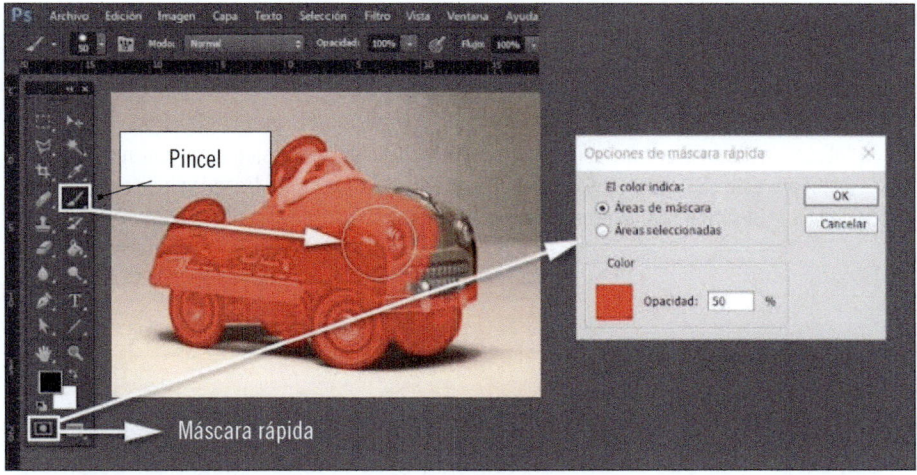

Proceso para recortar en Adobe PhotoShop mediante las máscaras rápidas

 Nota

Recuerde que en *Adobe PhotoShop* las máscaras de capa solo se aplican a las capas. Si la fotografía que quiere seleccionar es una imagen abierta y no lleva capas, se debe convertir el fondo pulsando con el botón secundario sobre el nombre de la capa y se marca la opción Capa a partir de fondo. A partir de ahí ya se podrán crear las máscaras sobre la imagen.

Actividades

11. Compruebe la función de la máscara rápida o selección del primer plano con alguna fotografía de buena resolución que tenga bien definido un elemento protagonista. Compare este sistema de selección con los utilizados mediante trazados o selecciones de lazos. Describa sus ventajas e inconvenientes.

Trazados

Son soluciones que se utilizan también para recortar imágenes. Están basadas en vectores y las más utilizadas para trazar formas son la herramienta **Pluma** en *Adobe PhotoShop* y la herramienta **Rutas** en *Gimp.*

Tienen la ventaja de que los puntos de control o nodos son editables y esto permite corregir en todo momento su ubicación y curva.

Cuando se ha dibujado un trazado sobre una imagen en *Adobe PhotoShop*, se puede almacenar dentro de la ventana **Trazados** y simplemente haciendo doble clic sobre su nombre, se podrá guardar en su archivo PSD para disponer de él en cualquier momento. Además, los trazados pueden convertirse en selecciones flotantes si se pulsa sobre su nombre con el botón secundario y se elige la opción **Hacer selección.**

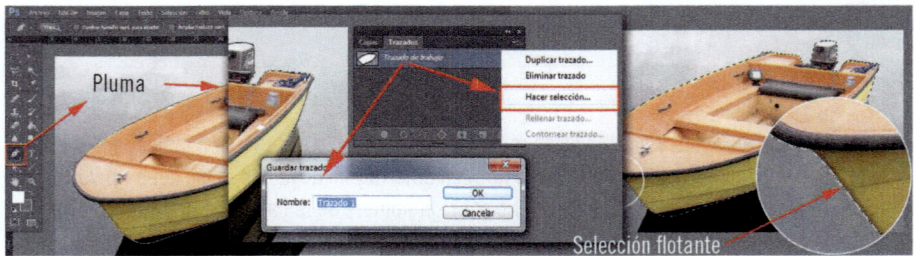

Los trazados en Adobe PhotoShop se pueden guardar y convertir en selecciones flotantes.

En *Gimp* se utiliza la herramienta **Rutas** para crear trazados y también se puede convertir en selección flotante desde las opciones de la propia herramienta pulsando **Crear selección a partir de una ruta.** La ventana para guardar estos trazados se encuentra en el menú **Ventanas/Diálogos empotrables/Rutas.**

La herramienta Ruta es la que permite crear trazados en Gimp y además puede convertirse en selección flotante.

 Actividades

12. Realice con su programa de retoque digital alguna selección con trazados, aumente el zoom y acérquese al perfilado. Convierta el trazado en selección, cópiela y péguela en otro documento para comprobar la calidad y precisión a la hora de seleccionar.

Integración

Para ofrecer un acabado óptimo en los fotomontajes, es necesario integrar las imágenes con precisión y limpieza para que no se pierda información a la hora de componerlas, de ahí que las máscaras sean el mejor recurso de selección ya que permiten retocar cualquier detalle que se haya quedado fuera de la selección o eliminar zonas no deseadas. Por otro lado, también es fundamental que se suavicen los perfiles de la selección ya que las capas podrían dejar perfiles dentados poco profesionales.

Al tener activa una selección flotante en *Adobe PhotoShop*, puede mejorarse su contorno si se pulsa la opción **Perfeccionar borde de selección** de la barra de propiedades y mostrará una vista previa de cómo quedaría el perfil, estos parámetros permitirán que la selección se integre mejor en el lugar de destino ya que se podrá suavizar, calar o contrastar viendo en todo momento la vista previa de la selección.

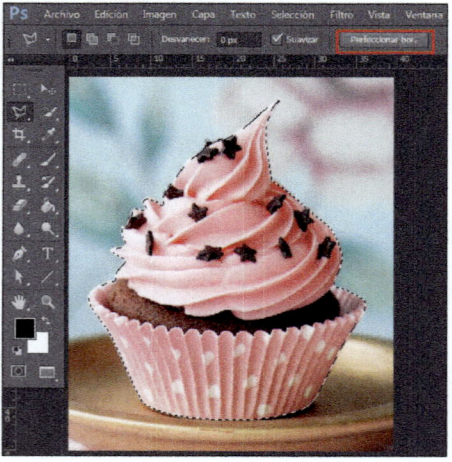

Continúa en página siguiente >>

<< Viene de página anterior

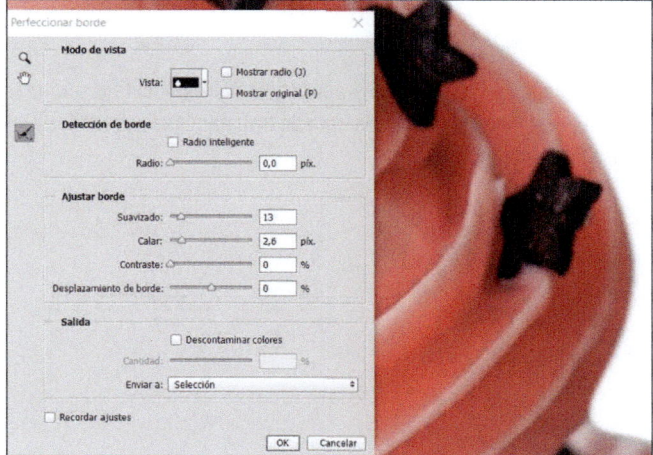

La opción de perfección de borde en Adobe PhotoShop permite crear un perfil suave en toda la selección.

En *Gimp*, se suaviza el contorno con la opción **Difuminar los bordes** que se encuentra en la ventana de opciones de cualquier herramienta de selección, además tiene un modulador que permite modificar el radio para configurar su suavidad. Es necesario indicar el radio de difuminado antes de copiar la selección.

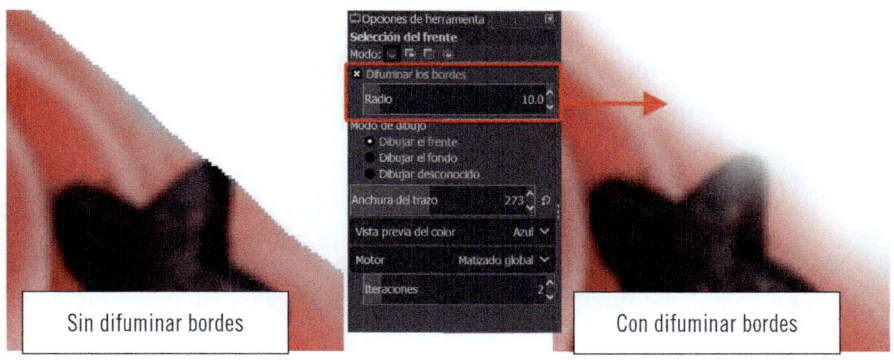

La opción de perfección de borde en Adobe PhotoShop permite crear un perfil suave en toda la selección.

Nota

Integrando correctamente las imágenes, la apariencia del fotomontaje será más pulcra y profesional. Hay que ser muy minucioso a la hora de trabajar con los trazados y selecciones para que no falten ni sobren detalles.

 Actividades

13. Intente hacer un fotomontaje para integrar un animal salvaje en un parque público, piense y aplique los ajustes de color adecuados a la imagen, la precisión a la hora de seleccionar y cómo fusionaría a este animal con su fondo.

3.4. Superposición, modos de fusión, capas de ajuste

Las capas en los programas de tratamiento de imagen, no solo sirven para crear fotomontajes y recortes de fotografías de unas sobre otras, con ellas se puede además conseguir mucho juego fusionando colores, añadir o superponer efectos sobre las propias capas o convertir los ya conocidos ajustes de imagen, en cubiertas superpuestas para que también funcionen como capas.

Superposición

Superponer significa añadir sobre una imagen un efecto, elemento o color que sirva de complemento a la capa para que esta proporcione un resultado de elaboración más complejo.

En *Adobe PhotoShop* se pueden aplicar varios de estos efectos que se asignan únicamente a todo aquello que sea "capa" y son conocidos como **Estilos de Capa.** Se añaden a estas de una manera provisional, es decir, son totalmente editables mientras no se combinen ni acoplen y sean capas o grupos de capas independientes. Los **Estilos** se activan desde la parte inferior de la ventana **Capas.** Por otro lado, también se puede cargar una librería de **Estilos** predefinida por el programa, aparece desde el menú **Ventana/Estilos** y además se le pueden añadir más categorías pulsando en el icono que se encuentra en la parte superior derecha.

Cuando se aplica uno o varios estilos sobre las capas, se puede ver que quedan enganchados directamente del nombre de la capa, pudiendo editar sus características en cualquier momento con un doble clic sobre el nombre del estilo. Si se quiere ocultar, se debe pulsar el ojo visualizador que queda a la izquierda de su nombre y si se quieren eliminar, se deben desplazar hasta la papelera de la ventana de capas.

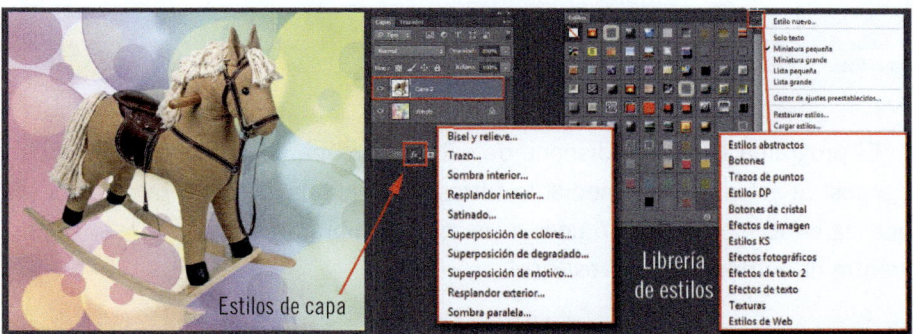

La opción de perfección de borde en Adobe PhotoShop permite crear un perfil suave en toda la selección.

Con estos estilos se pueden superponer colores, degradados, motivos, sombras, resplandores, biseles, trazos, etc. Cada uno de ellos tiene su propia ventana de configuración pudiendo ofrecer grandes efectos de volumen, formas y color para complementar los montajes.

Los estilos de capa de Adobe PhotoShop, son superposiciones editables que se asignan a las capas. En la imagen se pueden ver algunos de los efectos que producen.

El programa *Gimp*, no dispone de estilos de capa pero sí se pueden crear algunos de estos efectos mediante filtros. Por ejemplo, la sombra paralela se localiza en el menú **Filtros/Luces y sombras/Sombra arrojada** y el bisel se encuentra en **Filtros/Decorativos/Bisel.**

Sin embargo, las superposiciones de color o degradado se aplican al elemento de la capa (si está seleccionada) mediante la herramienta de relleno y el Resplandor exterior duplicando la capa, rellenándola de color y aplicando a la copia por ejemplo un desenfoque gaussiano.

 Actividades

14. En las revistas y folletos publicitarios suelen aplicar muchos estilos de capas en imágenes y textos para resaltar esos motivos, busque alguna portada y enumere todos los que reconozca.

Modos de fusión

Los modos de fusión son los efectos cromáticos (color resultante) obtenidos al superponer una imagen o pintura (color de fusión) sobre otra imagen o color de fondo (color base). Se pueden encontrar en muchas herramientas como el pincel, bote de pintura, degradado, etc. y por supuesto, también en las capas. Por defecto, se encuentran en el modo normal, es decir, que el solapado no provoca ningún cambio entre las imágenes. Si se despliegan las opciones pulsando en la palabra "normal", aparece un largo listado, cada uno de ellas tiene la función de crear una mezcla cromática que dependerá de los colores de los píxeles del elemento superior en relación con los que se encuentran debajo.

Si se realiza por ejemplo una pincelada roja con el **Modo de fusión Multiplicar** sobre una imagen, se podrá comprobar cómo la pincelada pierde su opacidad creando un trazo transparente y monocromo con una tonalidad más oscura que el color original o por ejemplo, si se cambia el modo al tipo **Claridad suave** el trazo quedará más claro.

 Nota

Los modos de fusión de *Adobe PhotoShop* y *Gimp* son bastante similares, si se quieren utilizar con capas, se aconseja crear una capa nueva sobre la imagen y rellenarla de color para comprobar los efectos que ofrecen estas alternativas. En algunos casos, el blanco y negro no crean efectos al carecer de información cromática.

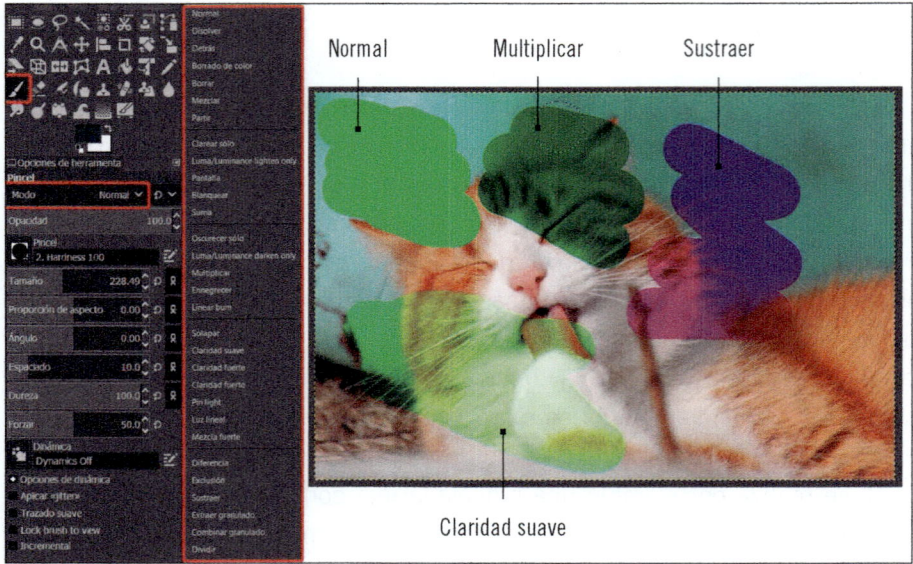

Tipos de modos de fusión en Gimp

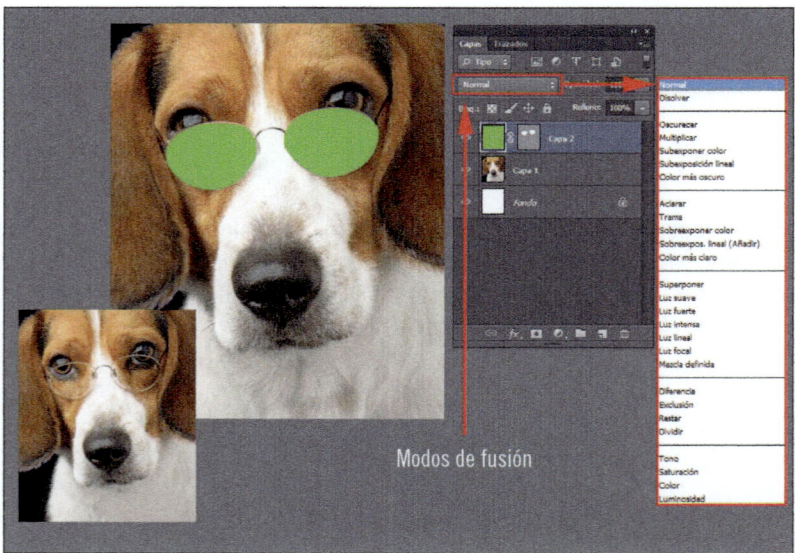

Modos de fusión en Adobe Photoshop

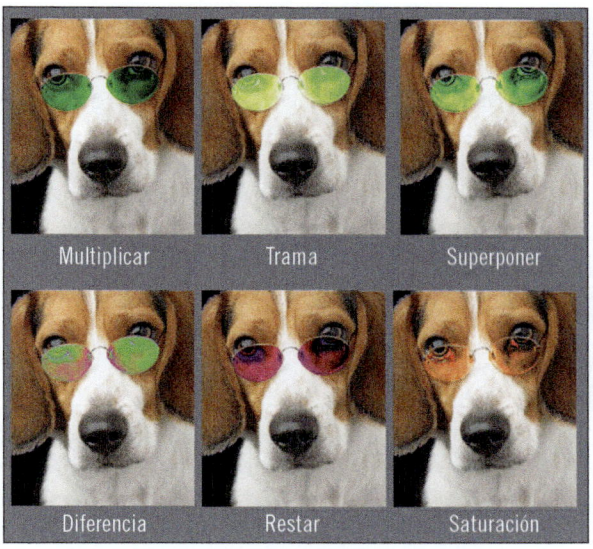

Diferentes resultados de los modos de fusión en Adobe PhotoShop, aplicados a una capa vectorial

 **Actividades**

15. Busque dos o tres carteles de cine actuales en los que aprecie modos de fusión en su composición, intente definir cuál se ha utilizado para cada caso y sobre qué elementos.

Capas de ajustes

Las capas de ajustes permiten aplicar ajustes de color, iluminación y contraste sin alterar la imagen original. Se crean desde la parte inferior de la ventana de capas de *Adobe PhotoShop* y se colocan sobre la capa seleccionada para que se vea el resultado sin cambiar los valores de los píxeles originales. Pueden recibir máscaras de capas o vectoriales para visualizar parcialmente el ajuste, son editables y se pueden eliminar en cualquier momento. Los ajustes que abarcan van desde los rellenos de color o degradado, hasta los ajustes típicos como los niveles, curvas, blanco y negro, etc.

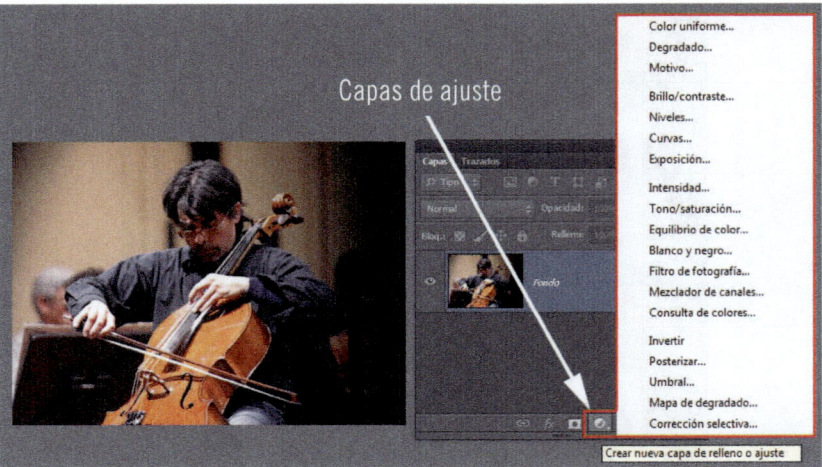

Localización de las capas de ajuste en Adobe PhotoShop

Sabía que...

Los efectos de color, iluminación y contraste parcial en imágenes en movimiento o vídeo, se editan de una manera similar que con los programas de retoque digital de imágenes estáticas. Se utilizan programas específicos de edición de vídeo como *Adobe Premiere, After Effects* o *Final Cut,* aplicando estos efectos a los fotogramas de la secuencia que interese.

En *Gimp* no hay capas de ajustes, pero si se desea simular algunos de estos efectos, pueden crearse capas normales sobre la imagen rellenas de color, aplicar los modos de fusión y tratar la opacidad de la capa.

Actividades

16. En muchos fondos de pantalla o *wallpapers* se aplican capas de ajuste para crear un impacto más emotivo al espectador. Busque dos de ellos y deduzca qué tipo de capas de ajuste se han aplicado parcial o totalmente sobre la imagen.

Aplicación práctica

Un estudio fotográfico le ha encargado que realice un ajuste fotográfico mediante capas de ajuste o capas superpuestas para un estudio de arquitectura especializado en las rehabilitaciones de eclesiásticas. Le piden que aparezca la imagen de un claustro a todo color en la parte izquierda y que se convierta gradualmente en blanco y negro. Busque la fotografía de un claustro y explique cómo lo realizaría si trabaja con *Adobe PhotoShop* o con *Gimp*.

SOLUCIÓN

Abra su imagen en su programa habitual de retoque fotográfico. Debe hacer que la imagen progresivamente se vaya desaturando, es decir, que pierda el color de izquierda a derecha.

Si está en *Adobe PhotoShop*, se creará una **Capa de Ajuste Blanco y negro** sobre la imagen y automáticamente se verá en un nivel por encima de la fotografía que aparenta convertirse en blanco y negro. Aparecerá la ventana de configuración de este ajuste y si se presta atención, la capa de ajuste tiene una máscara de capa a su derecha que permitirá ocultar parte de la información si se pinta sobre ella con negro. Sin embargo, si se aplica un degradado lineal de negro a blanco de izquierda a derecha, se ocultará la parte que cubre con todas las tonalidades más oscuras descubriendo el color original de la imagen.

Continúa en página siguiente >>

<< Viene de página anterior

Resultado

Propiedades del ajuste
"Blanco y negro"

Capa de ajuste   Máscara de capa
"Blanco y negro"   con degradado lineal

Práctica con la Capa de ajuste Blanco y negro de Adobe PhotoShop

Si va a hacer esta práctica con *Gimp,* recuerde que este programa no dispone de Capas de ajuste, así que se recurrirá a las capas y los modos de fusión.

Debe abrir su imagen, crear una capa nueva con relleno negro, a esta le deberá añadir una máscara de capa y le aplicará un degradado lineal de negro a blanco como en *Adobe PhotoShop*. El siguiente paso es cambiar el modo de fusión de **Normal** a **Saturación** y la mitad de la imagen se convertirá en blanco y negro.

Continúa en página siguiente >>

<< Viene de página anterior

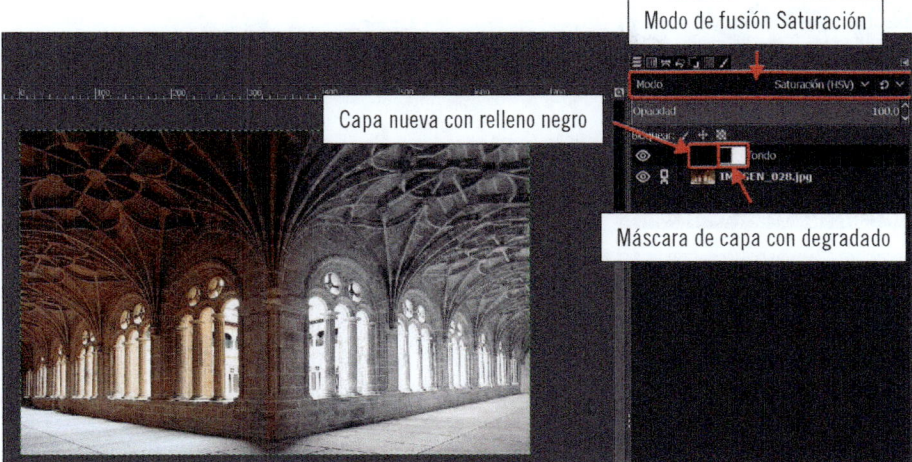

Práctica de simulación de Capa de Ajuste Blanco y negro con Gimp

3.5. *Collage,* Fotomontaje, Técnicas mixtas

Los resultados artísticos de composición fotográfica o montajes digitales se pueden identificar como *collage* o fotomontajes y se pueden utilizar basándose en imágenes fotográficas, dibujos, texturas, líneas, perfiles, textos, etc.

El *Collage*

Se conoce como *Collage* a la técnica artística que consiste en realizar un "pegado" o "encolado" de elementos de diferentes naturalezas, texturas y colores sobre una superficie. Actualmente con los programas de tratamiento digital, es posible crear *collages* que simulan las técnicas plásticas originales como si se utilizaran papeles, telas o tintas.

El sistema de crear esta técnica con medios digitales está basado principalmente en el uso de capas. Se pude diseñar cualquier composición y simular diferentes texturas, objetos, animales..., buscando dar un mensaje a toda la composición.

Ejemplos de diferentes collages artísticos digitales

 Actividades

17. Busque en internet trabajos de *collages* que hayan realizado niños/as en su asignatura de plástica visual. Intente hacer una reproducción similar mediante medios digitales.

 Aplicación práctica

Se va a elaborar un libro de recetas gastronómicas para niños y le han encargado hacer una propuesta para el diseño de la portada mediante un *collage* digital realizado con diferentes verduras y frutas que construyan la cabeza de un personaje simpático y atractivo con cara, ojos, nariz, boca, orejas cuello y pelo y todo ello dentro de un plato. Tendrá un formato cuadrado de 10 x 10 cm. Las imágenes que le facilitan son las siguientes:

Continúa en página siguiente >>

<< Viene de página anterior

Realice su propuesta con el mantel como fondo, duplique las verduras o frutas tantas veces como necesite y haga que destaque el título "Recetas para niños" con algún tipo de estilo de capa. Explique su elaboración.

SOLUCIÓN

Se abre la imagen de las frutas y verduras para construir la cabeza del personaje, pensando en todo momento en qué elemento servirá para la cara, lo ojos, el pelo, etc. En la propuesta se ha elegido una calabaza para la cara y las orejas, pepinos y ciruelas para los ojos, berenjena para la nariz, tomate para la boca y escarola para el pelo. Como fondo se ha utilizado el mantel de cuadros.

El proceso de desarrollo empezaría creando un documento nuevo de 10 x 10 cm a 300 ppp de resolución y se continuaría seleccionando con precisión cada objeto, suavizando el perfil para que se integren correctamente en la composición. Se copia cada pieza y se pega en el documento transformando la escala y rotación hasta que parezca adecuada su proporción y giro.

Al trabajar con cada elemento como capa, esto facilitará la composición del *collage* y se podrá duplicar cada verdura o fruta tantas veces se quiera.

El texto se inserta con la herramienta **Texto** y se le aplica sombra paralela o arrojada para destacarlo.

Propuesta final

El fotomontaje

El fotomontaje es muy similar al *collage,* con la diferencia de que cuando se plantea, se intenta crear una composición que aparente naturalidad e integración de unas imágenes con otras para que compongan una única estructura. Para realizar fotomontajes, también se utilizan las capas, pero utilizando más fusión entre ellas para que se complementen en un mismo ambiente.

 Sabía que...

La técnica del *collage* se remonta al estilo artístico del Cubismo donde insertaban papeles de colores sobre los cuadros para complementar la obra. Por otro lado, los fotomontajes se pueden comparar con el estilo del Surrealismo, representaciones del subconsciente que plasmaban máquinas fantásticas o metamorfosis con imágenes realistas.

Ejemplo de fotomontaje artístico digital

Aplicación práctica

La revista *NatuPlanet* le ha vuelto a llamar para crear actividades de pasatiempos y necesita el fotomontaje de un hámster con cuerpo de león. Han facilitado estas dos imágenes, pero se debe ser muy preciso con la selección para integrar correctamente una imagen con la otra. Además, ambas fotografías tienen diferentes intensidades cromáticas, por tanto se deben ajustar para que parezca un único animal. Realice esta metamorfosis y explique cómo lo hace.

SOLUCIÓN

El primer paso es seleccionar con precisión el perfil de la cabeza del hámster y activar la opción de difuminar o perfeccionar bordes para que la imagen se integre mejor. Si se van a utilizar máscaras de capas es aconsejable que se seleccione más área del perímetro para poder fundir después con el pincel o degradado.

Una vez seleccionada la cabeza del ratoncito, se copia [Ctrl+C] y se pega [Ctl+V] en el documento del león.

Para equilibrar los colores, se puede optar a ajustar el león al hámster o viceversa, utilizando el **Balance** o **Equilibrio de color**, sumando o eliminando los colores que se vean convenientes.

Continúa en página siguiente >>

<< Viene de página anterior

Propuesta final

 Actividades

18. Investigue la obra de Salvador Dalí, el mayor representante del movimiento surrealista. Compare su obra con las interpretaciones digitales de sus cuadros que puede encontrar en internet.

Técnicas mixtas

Las técnicas mixtas, digitalmente hablando, se identifican con las composiciones realizadas mediante diferentes medios de captura como puede ser la fotografía, el dibujo vectorial, el escaneado de dibujos realizados con técnicas plásticas e incluso las representaciones tridimensionales digitales.

La combinación de todos estos medios de representación permite abrir un campo muy amplio a la imaginación del diseñador o ilustrador contemporáneo.

Ejemplo de técnica mixta de ilustración contemporánea

4. Resumen

El tratamiento de la imagen digital es un método de creación, restauración, composición y fuente continua de inspiración para los diseñadores y creativos.

En este capítulo se han podido comprobar algunas de las posibilidades que ofrecen estos programas y que existe una buena variedad de *software* diseñado específicamente para el procesamiento de imágenes y dibujo vectorial, pero que combinando herramientas o aplicaciones entre ellos, se pueden conseguir presentaciones profesionales dirigidas principalmente al diseño gráfico.

Centrando la atención en los programas de retoque, los recursos gráficos son innumerables, sobre todo a la hora de tratar la fotografía digital y aunque hoy en día, las cámaras actuales faciliten muchas posibilidades para que el trabajo gráfico adquiera un gran acabado, el *software* permitirá mejorar y componer todo aquello que no se pudo remediar con la fotografía original como son los ajustes de iluminación, la conversión a blanco y negro, las monocromías o simplemente para hacer un buen encuadre de las imágenes. Además, mediante las fotocomposiciones o montajes, la imaginación de los creativos se llega a desbordar, consiguiendo increíbles mundos de fantasía, ilusiones ópticas o curiosos personajes de ficción.

Prácticamente todo aquello que se pueda imaginar, se puede crear con estos recursos y el buen acabado solo dependerá de la creatividad y destreza con el manejo de las herramientas de que se dispone, así como un pintor al trabajar con sus pinceles, un pianista toca su piano o un fotógrafo al disparar con su cámara.

Ejercicios de repaso y autoevaluación

1. La imágenes que no están basadas en píxeles, sino en un proceso matemático que construye formas definidas por puntos o nodos, se llaman:

    a. Imágenes vectoriales.
    b. Imágenes de mapa de bits.
    c. Imágenes rasterizadas.

2. Sopa de letras. Busque los nombres de 7 programas basados en vectores, 3 de uso libre y 4 con licencias de uso.

A	I	O	P	P	A	S	S	T	R	H	N	C	P	R	O
D	A	S	S	I	D	E	S	O	D	I	P	O	D	I	A
A	R	K	I	X	A	Q	O	G	A	A	I	R	O	N	O
P	I	E	L	I	P	H	O	T	O	F	O	E	T	R	E
L	N	N	C	N	L	F	T	L	T	T	N	L	O	R	K
A	U	C	L	K	Y	T	Z	O	N	E	R	D	R	A	W
U	X	I	O	S	P	F	A	K	M	I	A	R	H	F	E
T	E	L	X	C	R	A	P	C	A	G	V	A	O	A	A
O	C	I	M	A	S	P	E	A	T	G	U	W	P	O	U
C	A	R	G	P	A	Q	Q	T	F	A	I	M	M	N	O
A	D	O	B	E	I	L	L	U	S	T	R	A	T	O	R
D	E	L	I	N	R	U	E	S	P	N	L	E	T	G	R

3. **Indique si las siguientes afirmaciones son verdaderas o falsas.**

    a. Los programas 3D no utilizan imágenes en mapa de bits.

        ☐ Verdadero
        ☐ Falso

    b. Los textos y logotipos para un cartel es más recomendable insertarlos en programas de dibujo vectorial.

        ☐ Verdadero
        ☐ Falso

    c. Una imagen sin información de color en escala de grises es una imagen saturada.

        ☐ Verdadero
        ☐ Falso

    d. Los trazados no pueden convertirse en selecciones flotantes.

        ☐ Verdadero
        ☐ Falso

    e. Las capas de ajuste en *PhotoShop*, una vez aplicadas no se pueden editar.

        ☐ Verdadero
        ☐ Falso

    f. En *Gimp* se pueden aplicar modos de fusión y capas de ajuste.

        ☐ Verdadero
        ☐ Falso

4. **Los formatos más habituales que utilizan las cámaras fotográficas digitales son:**

    a. 2:3, 6:2 y 19:6
    b. 4:3, 3:2 y 16:9
    c. 8:6, 6:4 y 10:5

5. La relación proporcional que ofrecen muchos de los elementos de la naturaleza se la conoce como:

    a. Proporción cromada.
    b. Proporción dorada.
    c. Proporción equilibrada.

6. En el siguiente jeroglífico identifique el nombre de uno de los modos de recorte o encuadre fotográfico.

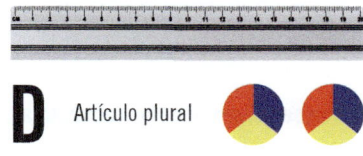

Respuesta: _____

7. **Complete la frase.**

Si se quieren cambiar todos los colores de una imagen, se debe utilizar el ajuste _____ y si se quiere sumar o restar alguna tonalidad al color original se debe usar el ajuste _____ o _____ _____.

8. Si se quiere que una imagen se integre bien dentro de otra, ¿qué debe hacer?

    a. Perfeccionar o difuminar el borde de la selección.
    b. No hacer nada, las imágenes siempre se integran bien cuando se copian y pegan de unas a otras.
    c. Seleccionar con mucho cuidado las formas.

9. **Para seleccionar mediante herramientas basadas en vectores dentro de un programa de retoque digital, se utiliza...**

    a. ... la varita mágica o selección difusa.
    b. ... las herramientas de rutas o la pluma.
    c. ... la máscara rápida o selección de primer plano.

10. **En *Adobe PhotoShop*, el bisel, sombra o resplandor son:**

    a. Capas de ajuste.
    b. Máscaras vectoriales.
    c. Estilos de capa.

11. **Relacione la definición que se asigna al color respecto a su posición según los modos de fusión.**

    a. Color resultante
    b. Color de fusión
    c. Color base

    __ Color superpuesto
    __ Color de fondo
    __ Resultado cromático

12. **Si se tienen dos capas iguales, una a color y sobre ella otra en blanco y negro, el mejor método para que se aprecie su transformación progresiva del color al blanco y negro es:**

    a. Aplicar un modo de fusión de saturación sobre la capa superior.
    b. Aplicar un degradado lineal de blanco y negro sobre la máscara de capa de la imagen que se encuentra en el nivel superior.
    c. Aplicar un estilo de capa de superposición de relleno de color negro y activar el modo de fusión desaturar.

13. La técnica artística de pegado mediante diferentes elementos relacionados con la naturaleza, colores y otras texturas, se llama:

   a. Pastiche.
   b. *Collage.*
   c. Compost.

14. La composición de imágenes para aparentar una realidad de ficción, se llama:

   a. Fotografía artística.
   b. Fotograma.
   c. Fotomontaje.

15. Una técnica mixta digital está compuesta principalmente por:

   a. Dibujos vectoriales, fotografías e imágenes escaneadas.
   b. Dibujos vectoriales y representaciones 3D.
   c. Fotogramas de vídeo e imágenes en mapa de bits.

Capítulo 4

Gestión de la imagen final

Contenido

1. Introducción

Los programas de retoque digital ofrecen multitud de posibilidades para trabajar la imagen de una manera amateur y profesional. Sin embrago, no solo hay que limitarse a conocer cómo funcionan estos programas, las opciones de salida de impresión son tan variadas que hay que familiarizarse con todos los medios de impresión posible que permiten materializar el trabajo. ¿De qué serviría maquetar un catálogo, revista o hacer una buena fotografía o fotomontaje si a la hora de imprimirlos salieran con colores o tintas no deseados? De ahí que en este capítulo, se haga un repaso a los medios de impresión más habituales que se utilizan a nivel particular y profesional. Es necesario conocer el funcionamiento de estas máquinas, sus ventajas, desventajas, costes, etc. y sobre todo, las posibilidades que ofrece cada una de ellas para que se pueda elegir la salida de impresión más adecuada.

2. Impresión de pruebas a color

Las pruebas a color son modelos de impresión en alta calidad realizados normalmente mediante impresoras de inyección de tinta o de sublimación y que muestran el aspecto que tendrá la impresión final. Estas pruebas sirven para verificar tanto los colores como la calidad de la imagen y para establecer una directriz a la imprenta sobre el resultado que se espera del producto impreso.

Hasta hace poco las pruebas se realizaban siempre a partir de fotolitos o películas filmadas y, aunque hoy en día se siguen utilizando, no es el más común. Es un proceso más costoso, de ahí que la impresión mediante impresoras sea la más habitual. Los fotolitos son impresiones químicas que se emplean para insolar las planchas de impresión. Algunos de los fabricantes más conocidos que usaban estos sistemas químicos analógicos eran Cromaline (Dupont), Color Art (Fuji) o Matchprint (3M), entre otros.

Máquina Cromalin Dupont (izquierda) y MatchPrint (derecha) para hacer pruebas de color

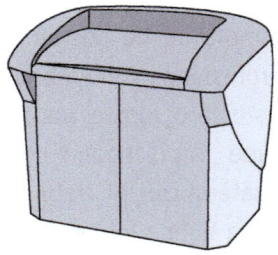 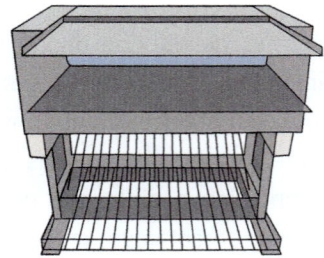

Las impresiones más comunes actualmente para las pruebas de color, se hacen en impresoras avanzadas de inyección de tinta o sublimación. Se aconseja realizarlas sobre un papel similar al de la producción final y configurando adecuadamente la impresora a los perfiles ICC.

Por otro lado, las pruebas de color deben llevar impresas sus correspondientes tiras de control para verificar técnicamente el color resultante.

No obstante, aunque las pruebas de color sean bastante correctas, siempre se pueden encontrar diferencias entre este resultado y la impresión final debido a que las pruebas se suelen hacer con otras máquinas, otros papeles y otras tintas, pero siempre serán bastante fieles si los equipos están bien calibrados y si se han aplicado los perfiles ICC. Además, se debe tener también en cuenta que la mayor parte de pruebas de color no son capaces de imprimir o simular los colores directos *PMS (Pantone Matching System)* y se tendrán que imprimir convirtiéndolos en separaciones de cuatricomía. En el caso de que se utilizaran colores Pantone, debería acompañarse la prueba de una muestra del color (pantonera).

3. Selección del tipo de impresora

Las impresoras son unos dispositivos periféricos que permiten imprimir físicamente y normalmente sobre papel, imágenes, textos, gráficos, etc. Suelen utilizar cartuchos de tinta o la tecnología láser para su reproducción. No suelen utilizarse para grandes tiradas, ya que elevan demasiado el coste de la impresión y en estos casos, se recurre a las imprentas, que disponen de máquinas profesionales como la Offset, capaces de imprimir a una gran velocidad cientos de páginas en muy poco tiempo.

Se pueden encontrar en el mercado diferentes tipos de impresoras según su tecnología.

3.1. Impresión láser

Utilizan un rayo láser que impacta en un tambor fotosensible, este altera la carga eléctrica en un cilindro que recoge partículas del tóner y que después se transfieren al papel mediante calor y presión. Algunas de las impresoras láser admiten una resolución de hasta 4800 dpi (puntos por pulgada) y los formatos de papel más aceptados son el A4 y A3, aunque no todos los papeles son adecuados ya que la tinta al no ser líquida no penetra en el papel por lo que se aconseja usar papeles de superficies no demasiado lisas y que superen altas temperaturas.

Son más rápidas a la hora de imprimir que por ejemplo las de inyección de tinta, ya que una vez iniciado el ciclo de impresión, no puede detenerse el proceso, de ahí que se las conozca como impresoras de página.

Por otro lado, aunque su precio suele ser más elevado que las de inyección de tinta, suponen menos coste por hoja impresa, aunque sus consumibles suelen elevar bastante el coste.

Estas impresoras son las más comunes para usos en empresas por su velocidad y precio, aunque si lo que se quiere es una buena calidad de imagen, hay que tener en cuenta que estas no aceptan el papel fotográfico.

Diferentes modelos de impresoras láser y detalle de los tóneres interiores a la derecha (de izquierda a derecha: © Fotografía: Stehfun. Vía Wikimedia Commons- CC BY. ©Fotografía: Joydeep. Vía Wikimedia Commons- CC BY. © Fotografía: Felhariri3680. Vía Wikimedia Commons- CC BY).

 Actividades

1. Intente localizar una impresora láser en casa, trabajo o punto de venta especializado. Ábrala y descubra cómo son los tóneres de color y todo el recorrido que hace el papel desde su bandeja de entrada, su calentamiento térmico, hasta la salida del papel. Compruebe cómo un proceso que parece tan complejo, es capaz de trabajar tan rápidamente.

3.2. Impresión LED

Son un tipo de impresoras cuyo funcionamiento es similar al láser, pero utilizan diodos emisores de luz (LED) que exponen uno a uno todos los puntos de cada línea en vez de usar un solo haz de láser, y espejo rotatorio como se vio en el capítulo uno. La transferencia de la imagen sobre el tambor fotosensible de la imagen utiliza miles de estos diodos y pueden alcanzar hasta 1200 dpi y el hecho de suprimir los componentes del láser o los espejos poligonales las hacen más económicas.

? Sabía que...

La primera impresora láser comercial la fabricó IBM en 1975, era el modelo IBM 3800 y costaba aproximadamente 17.000.00 $, aunque era capaz de imprimir 180 hojas por minuto, en comparación con las 18 hojas por minuto que imprimen las actuales. La ventaja de hoy en día es que sus precios están al alcance de muchos bolsillos.

3.3. Impresión inyección de tinta

Esta impresión también se conoce como chorro de tinta o InkJet. Se utilizan sobre todo a nivel de particulares y oficinas y funcionan esparciendo gotas muy pequeñas de tinta sobre el papel. No son demasiado rápidas en la impresión de copias y una amplia tirada, aumenta notablemente el precio del trabajo y además se debe tener en cuenta que su tiempo de secado es mayor que las impresoras láser de transferencia térmica ya que las de inyección emplean tintas líquidas. Sin embargo, acostumbran a ofrecer una mayor resolución de impresión, algunas alcanzan hasta 9.600 dpi.

Las impresoras de inyección de tinta funcionan a base de puntos que se disponen en filas y su resolución depende, según el tamaño del punto y del espacio que queda entre ellos. La velocidad de impresión también obedece a la resolución configurada, de ahí que a mayor resolución más tiempo tendrá de salida.

En las impresiones a base de inyección de tinta se crean los colores variando la cantidad de tinta en cada gota y no es fácil conseguir tonos uniformes, sobre todo los que van del cian o del magenta hacia el blanco, de ahí que muchas de las impresoras más profesionales utilicen seis cartuchos o colores: cian oscuro, cian claro, magenta oscuro, magenta claro, amarillo y negro.

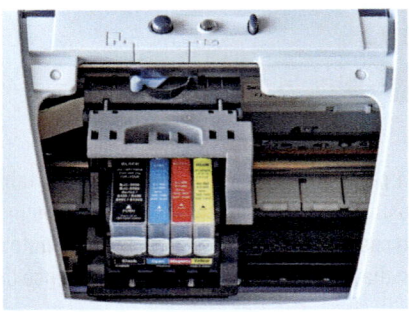

Modelo de impresora de inyección de tinta y tipo de cartuchos CMYK (© Fotografía derecha: Aka. Vía Wikimedia Commons- CC BY).

3.4. Impresión de sublimación

La sublimación es el paso del estado sólido al gaseoso sin pasar por el líquido, por tanto estas impresoras utilizan tinta solidificada y no se derrite, sino que se evapora para transferirse al papel.

Este tipo de impresoras se las conocen como impresoras de transferencia térmica. Se pueden encontrar algunas de estas donde el color o tinta está solidificado en una cinta de parafina o cera y se adhiere al papel fundiéndose con calor mediante un cabezal impresor o láser.

Las térmicas que llevan cinta de sublimación se presenta en forma de rollos y solo parte de la tinta que impregna la cinta, se transfiere a la copia impresa por lo que solo puede usarse una vez y encarece los costes. Muchos de estos modelos de impresoras son específicos para la impresión de tarjetas y documentos de identificación.

Diferentes modelos de impresoras de cintas de sublimación

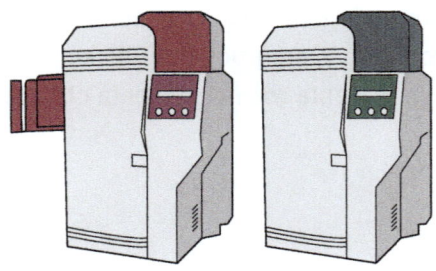

Cinta CMYK y modelos de tarjetas impresas

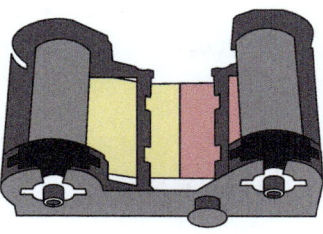 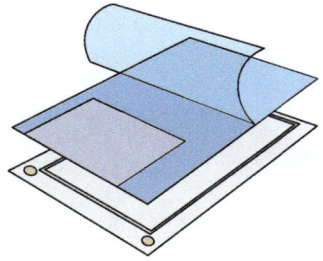

Las impresoras que funcionan mediante un cabezal de inyección de tinta, cada calentador trabaja a diferentes temperaturas por lo que se puede cambiar la cantidad y grosor de la cantidad de tinta. Necesitan cartuchos y papeles especiales, pero no son intercambiables con los cartuchos de tinta habituales de impresión. Son algo lentas a la hora de imprimir, pero la copia sale ya lista y seca. Ofrecen una buena calidad para las impresiones fotográficas.

Las de sublimación por láser también pueden variar el tiempo de exposición al láser para cada punto impreso. Necesitan cartuchos y papeles especiales para la sublimación y además se pueden intercambiar con los cartuchos o tóneres regulares.

 Actividades

2. Si dispone de una impresora láser, consulte en su manual o en internet si tiene opción a intercambiarla con cartuchos de sublimación.

3.5. Otros sistemas de impresión

Hoy en día siguen apareciendo nuevos sistemas de impresión como por ejemplo el sistema *CrystalPoint*, pequeñas perlas de tóner que se convierten en gel para que pasen por los inyectores, es una fusión entre el sistema de las impresoras láser y las de inyección de tinta, se está empezando a comercializar y pueden alcanzar una alta velocidad de impresión en grandes formatos.

Tecnología CrystalPoint. Modelo de plotter Océ ColorWave 600

 Aplicación práctica

Unos compañeros de trabajo le han entregado una fotografía impresa a color y, por accidente, el color se ha expandido al tocarlo. Deduzca y explique por qué cree que ha sucedido esto, ¿qué máquinas descartaría y qué tipo de impresora cree que ha originado este suceso?

SOLUCIÓN

Se descarta que la impresora utilizada sea una impresora láser ya que estas imprimen con pigmentos de color o partículas de tóner. Al transferirse al papel mediante calor y presión, el secado es instantáneo. También se desecha la posibilidad de que la impresora sea de sublimación, ya que la tinta pasa del estado sólido al vapor sin ser en ningún momento líquido y como también transfieren calor, su secado es instantáneo.

Lo que ha sucedido probablemente es que la impresión esté realizada con una impresora de inyección de tinta, ya que los cartuchos de inyección contienen tintas líquidas y el papel absorbe parte de la humedad. Si además, no se ha utilizado un papel adecuado puede provocar corrimientos del color y su secado es lento, de ahí que el accidente se haya producido seguramente por imprimir sobre un material inapropiado y se ha tocado la impresión antes de esperar a su secado.

Sabía que...

Existen impresoras para *software* de modelado 3D y diseño asistido, son las impresoras 3D, que permiten crear un objeto tridimensional mediante la adición de materiales, los más básicos son de tipo termoplásticos, pero también se pueden encontrar otros como resinas, polímeros e incluso metal.

Los programas compatibles con impresoras 3D son *Blender, 3D Studio Max* o *Autodesk Maya.*

4. Distintas prestaciones para distintos tipos de impresoras

Cada impresora funciona bajo un sistema y tecnología determinado y en el momento de llevar a imprimir un trabajo gráfico o de elegir una impresora personal, se debe tener en cuenta para qué se va a utilizar.

Si se tiene que imprimir por ejemplo un cartel o fotografía de gran formato, el impresor será la persona más adecuada para que recomiende en qué sistema se puede imprimir el proyecto. Normalmente se utiliza la inyección de tinta de 8 o 12 tintas, ya que es la que mejor calidad final puede ofrecer. Muchas de estas impresoras son planas e imprimen en soportes rígidos y algunas permiten añadir tinta blanca y barnices para un mejor acabado.

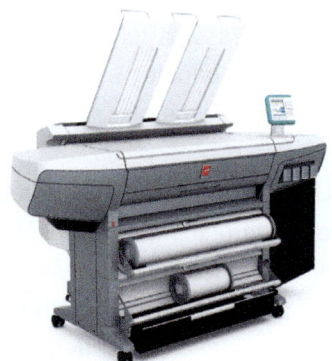

Impresora plana de gran formato a la izquierda (© Fotografía: Tomasz Sienicki. Vía Wikimedia Commons- CC BY) y de rollo continuo a la derecha (© Fotografía: Jozef2011. Vía Wikimedia Commons- CC BY).

Muchas de las impresoras láser no suelen imprimir en grandes formatos, por tanto son más adecuadas para oficinas o uso personal, sin embargo sus impresiones tienen mayor durabilidad porque el tóner se funde en el papel en vez de ser absorbido como en las de inyección de tinta.

Las impresoras de tecnología LED son adecuadas por ejemplo para la impresión de planos, cartelería, ampliaciones fotográficas, señales, etc. Existen modelos de gran formato y son bastante más económicas que las de inyección de tinta. Por tanto también son perfectas para pequeñas y medianas tiradas de carteles.

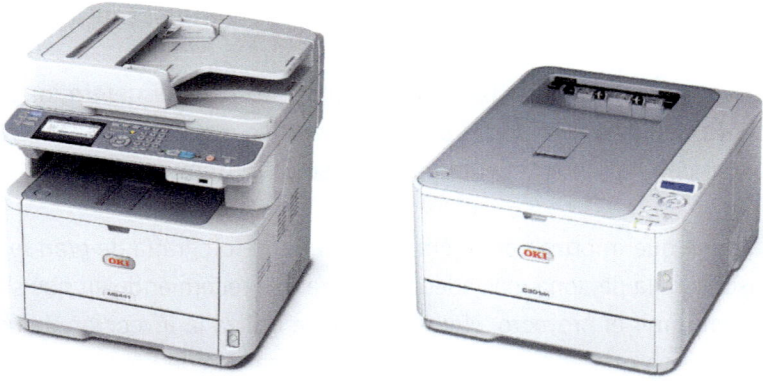

Modelos de impresoras LED de diferentes tamaños de salida (© Fotografía izquierda. OkiUkraine. Vía Wikimedia Commons- CC BY).

Las impresoras térmicas o de sublimación, permiten mediante su proceso con tintas y papeles especiales, impresiones para casi todo tipo de material como el textil, metales, madera, plásticos, cerámicas, vidrios, etc.

Una vez impreso el papel especial de sublimación del motivo, hay que pasarlo a una plancha de transferencia o máquina de sublimación que regule el tiempo, temperatura y presión de la transferencia. Este tipo de impresión se utiliza para todo tipo de publicidad y se pueden realizar en grandes tiradas a nivel industrial o en pequeñas unidades si se dispone de máquinas o planchas especiales para la sublimación.

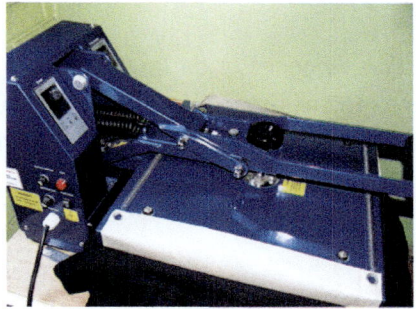

En la parte superior izquierda se puede ver una impresora láser doméstica (© Fotografía: Luis Padrino Martín. Vía Wikimedia Commons- CC BY) que intercambia cartuchos de sublimación. En la parte derecha impresiones textiles y, abajo, plancha de sublimación para prendas (© Fotografía: Sarri Sarri/Distro & Records. Vía Flirckr- CC BY).

 Nota

Si se quieren hacer promociones publicitarias de gran tirada, es mejor recurrir a imprentas especializadas en impresiones serigráficas o de sublimación. Si se quiere pocas unidades, se pueden encontrar multitud de tiendas especializadas que personalizan cualquier imagen en todo tipo de objetos.

Actividades

3. Investigue y busque en su ciudad, negocios especializados en impresión de sublimación, si puede, visite uno de ellos y documéntese sobre cómo funciona todo el proceso.

5. Impresora láser, Plotter, Cromaline, Prueba de Gama

En el momento en que se necesita de la elaboración de un producto impreso, hay que escoger la técnica más adecuada. Elegir una técnica o medio de impresión, dependerá tanto de la maquetación, del formato, el volumen de páginas o el propio soporte.

5.1. Impresora láser

Como se ha podido ver en apartados anteriores, la impresión láser es de los recursos más utilizados actualmente. Es un sistema basado en la xerografía, es decir, en el empleo del tóner o polvos de pigmentos, igual que el que usan las fotocopiadoras o las grandes máquinas de impresión digital.

Los pasos de este proceso consisten en una carga del conductor fotográfico, la exposición que proyecta el láser, la transferencia de los pigmentos de tóner y la aplicación del calor. Cuando se habla del conductor fotográfico, se hace referencia a un tambor rotatorio que lleva una carga positiva o negativa, según el fabricante. Este tambor se expone a la luz láser y gracias a un espejo octaédrico, la luz láser se expone en todo el ancho del tambor que va rotando por líneas. El espejo gira a gran velocidad, de ahí que sea una máquina muy sensible a los movimientos bruscos o golpes. La imagen que proyecta el láser sobre el tambor aparece invertida y las partículas del tóner se adhieren a él mediante cargas electroestáticas. Cuando el papel pasa por el tambor lleva una carga electroestática mayor que la del tambor, de ahí que las partículas se adhieran al papel pero sin llegar a sellarse. Para que quede el tóner fijado en el papel, se le aplica calor a unos 200 ºC y por último, se oprime mediante un pequeño prensado.

La resolución y calidad de las impresoras láser dependerá del tamaño del punto de exposición del láser, de los componentes ópticos y sobre todo, del tamaño de las partículas del tóner, mientras más pequeñas, más resolución. Algunas impresoras láser alcanzan resoluciones desde 300 hasta 4800 dpi.

Cuando la impresora láser utiliza diodos láser para exponer cada uno de los puntos de cada línea, se la conoce como impresora LED.

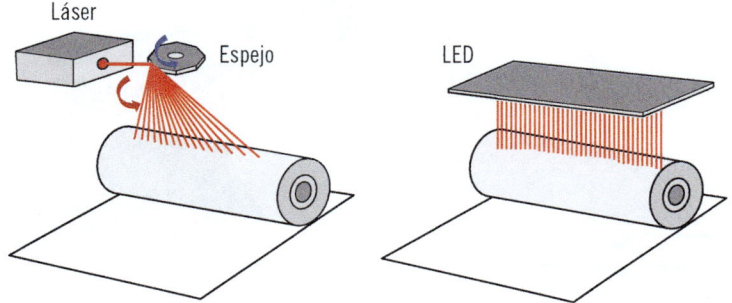

A la izquierda, esquema del funcionamiento de una impresora láser y a la derecha una impresora de sistema de diodos LED.

La ventaja de comprar una impresora láser para uso personal o para una empresa es que los tóneres tienen mucha mayor duración que los cartuchos de tinta, además imprimen a mucha más velocidad y si tienen opción una resolución de más de 2400 dpi, ofrecerán una gran calidad de impresión. El único inconveniente es que suelen ser bastante voluminosas y pesadas.

5.2. Plotter

Actualmente se conoce como plotter a una impresora de inyección de tinta o transferencia térmica de gran formato. Sin embargo, hasta hace unos años, se consideraban dispositivos específicos que dibujaban gráficos, dibujos arquitectónicos o de ingeniería y eran los más adecuados para la representación de planos ya que se limitaban a hacer dibujos lineales. Funcionaban a base de plumas (negras o de color) que se desplazaban a lo largo de todo el papel.

Hoy en día, los plotters no dejan de ser grandes impresoras de inyección de tinta o transferencia térmica, son los más utilizados para la impresión en gran formato y, según el modelo, pueden tener desde 4, 6 o 12 tintas y alcanzar resoluciones de hasta 2400 dpi. El tamaño de alto de impresión depende principalmente del ancho del plotter, pero como suelen trabajar con papeles en rollo, pueden abarcar grandes dimensiones de largo.

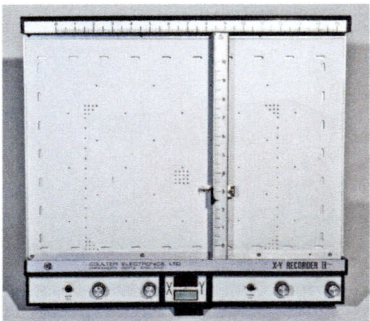 

A la izquierda, plotter de pluma (© Fotografía: Hgrobe. Vía Wikimedia Commons- CC BY), a la derecha plotter de transferencia térmica (© Fotografía: Windell Oskay. Vía Flickr- CC BY).

 Actividades

4. Busque vídeos en internet y realice una comparación del funcionamiento del movimiento del plotter de pluma respecto a los de inyección de tinta o transferencia térmica. Realice un breve resumen.

Las tintas suelen ser de tres tipos según el modelo:

- **Tintas DYE.** Adquieren altos grados de calidad fotográfica, pero no soportan las radiaciones del sol, por tanto son adecuadas para un tipo de cartelería de interior que no se vaya a exponer a la intemperie, además deben laminarse para que se proteja más de otro tipo de factores externos como el agua o los cambios de temperaturas. Los materiales para impresión son bastante limitados.

- **Tintas UV.** Están diseñadas para utilizarse en impresiones que van a colocarse en exteriores, soportan la luz solar y bastante bien e impacto del agua exterior. Se aplican en multitud de materiales, desde papel pintado, mapas, carteles de gran formato, carteles retroiluminados, banderas, señales, etc.
- **Tintas Ecosolventes.** Son las que últimamente se utilizan más debido a su bajo coste, se utiliza en muchísimos materiales como las UV y son perfectas para exteriores porque aguantan la exposición solar y el agua. Sin embargo, para obtener la mayor calidad de impresión tienen que utilizarse con impresoras de 6, 8 o 12 tintas.

Actividades

5. Al salir a la calle, observe los letreros de los establecimientos, carteles o estampados en cristales que encuentre, deduzca qué tipo de tintas se ha podido utilizar para cada impresión.

Otro tipo de plotter muy común en las empresas de impresión digital de gran formato, son los plotters de corte. Estos disponen de cuchillas para recortar la imagen. Trabajan con formatos vectoriales para seguir una referencia de línea continua y se utilizan principalmente sobre vinilos adhesivos que luego se adherirán a camisetas, rótulos, cristales, vehículos, etc. También se pueden encontrar plotter de corte para telas, lonas o inflables y plotters de corte de metales.

Para cortar imágenes más complejas, pequeños textos, curvas o líneas muy forzadas, se utilizan los plotters de corte transversal cuyo cabezal no solo gira, sino que además, se desplaza arriba y abajo con una gran habilidad y precisión.

Por último se encuentran los plotters de corte láser. Son limpios y rápidos porque prácticamente desintegran el material independientemente de la dureza de estos, aunque tienen sus límites en relación al espesor de cada producto. Para mayores espesores, se utilizan otras máquinas de corte profesional como las de plasma, fresadoras o las de altísima presión de agua.

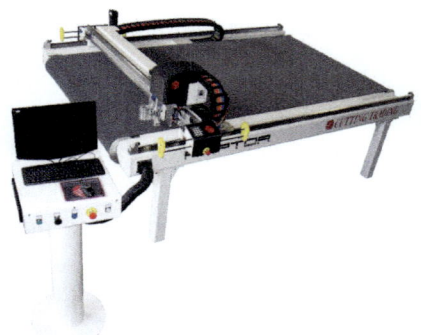 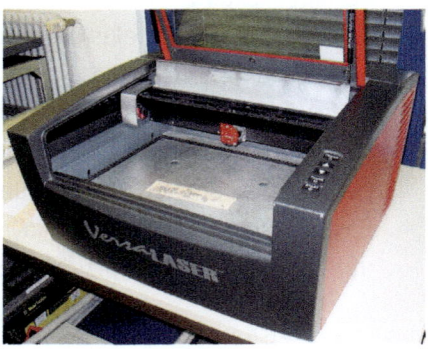

A la izquierda, detalle y modelo de plotter de corte de cuchillas (© Fotografía: Federico Ghion. Vía Wikimedia Commons- CC BY), a la derecha plotter de corte láser y detalle.

 Sabía que...

Muchos de los modelos de plotters de impresión, también funcionan como plotter de corte, realizando cada función independientemente o las dos en la misma acción. Son aparatos perfectos para la impresión de vallas, rótulos, pegatinas, gráficos para vehículos, etc.

 Actividades

6. Investigue los negocios de impresión y corte digital que haya en su ciudad. Busque sus direcciones web y compare la multitud de productos que ofertan.

Aplicación práctica

Observe estas tres imágenes. Deduzca con qué medio de impresión se ha podido realizar cada acabado.

1

© Fotografía: Artamp. Vía Deviantart- CC BY

2

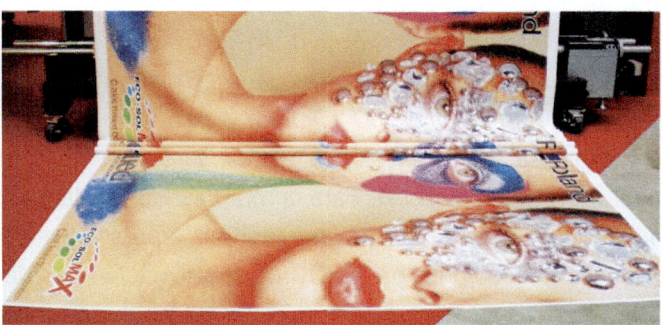

3

© Fotografía: Emmealcubo. Vía Flickr- CC BY

SOLUCIÓN

La imagen 1 es una impresión que posiblemente se haya realizado mediante una impresora de sublimación de tinta y adherido a la prenda mediante una plancha de transferencia térmica textil.

En la imagen 2 se puede ver una impresión sobre cristal con formas y letras recortadas. Este tipo de impresión se suelen hacer en vinilo adhesivo, pero no lleva color, por tanto se ha debido utilizar únicamente un plotter de corte de gran formato.

Continúa en página siguiente >>

<< Viene de página anterior

En la imagen 3 se observa, por las dimensiones, que también se trata de una impresión de gran formato pero a todo color y por lo que se aprecia en cuanto a calidad, que seguramente se haya imprimido en un plotter de inyección de tinta que son los más utilizados en artes gráficas para impresiones fotográficas.

5.3. Cromaline

Como se pudo ver anteriormente, el Cromaline se puede considerar el sistema por excelencia de prueba de color analógico creado por la empresa Dupont. Es un medio que está cada vez más en desuso debido a las alternativas digitales que existen en el mercado de las artes gráficas como las impresiones de inyección de tinta, láser o de sublimación.

El Cromaline original realizaba pruebas de impresión analógicas, es decir, mediante fotolitos, de tamaños de 50 x 70 cm y eran las pruebas más fiables tanto para las imprentas como para los clientes, ya que estaban certificadas por un estándar profesional europeo. Para cumplir este estándar, se creó la conocida *cuña de control Cromaline Eurostandar* de la empresa System Brunner, basadas en las recomendaciones de la FOGRA, la asociación para la investigación de las artes gráficas alemana que funciona a nivel europeo e internacional basándose en los estándares de la ISO.

El proceso del Cromaline consiste en laminar una hoja de cartón blanco con un compuesto sensible a la luz ultravioleta y a la que se le expone la película, después, la imagen expuesta se colorea mediante un virado. Esta operación se repite con los cuatro colores CMYK. Para finalizar la prueba, se incluye la tira de control a fin de comprobar la densidad, ganancia del punto y equilibrio de grises.

Hoy en día, a las pruebas de color se las sigue conociendo como Cromaline, ya que Dupont actualmente trabaja en digital y ha creado máquinas que realizan pruebas sin fotolitos.

Una de las grandes ventajas del Cromaline es su gran verificación de impresiones frente a otros sistemas mediante su cuña de control, la cual permite analizar fácilmente las pruebas de impresión y compararlas rápidamente.

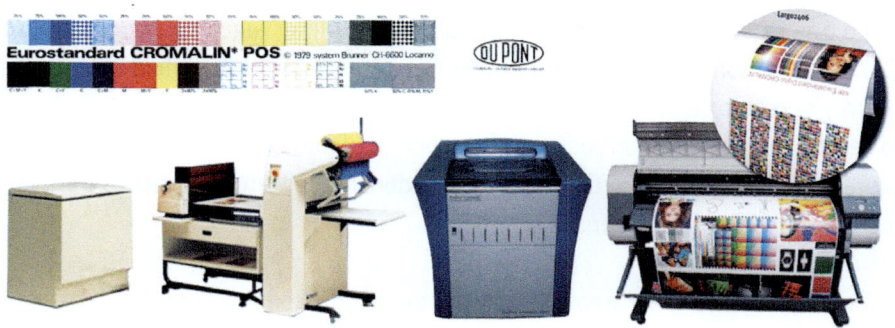

En la parte superior izquierda, la cuña de control Cromaline Dupont. Abajo a la izquierda, máquinas de pruebas de color Cromaline por fotolitos. En el centro, Cromaline Blue, versión moderna con espectrofotómetro incorporado. A la derecha, Cromaline Largo 2406 de inyección de tinta.

 Actividades

7. Existe poca documentación gráfica del sistema Cromaline mediante fotolitos. Este enlace le muestra uno de los pocos vídeos de la realización de una prueba de color Cromaline. Saque conclusiones y compare este sistema con los actuales sistemas de impresión de pruebas.

   http://www.youtube.com/watch?v=jN-KS_ObYj8#t=23

5.4. Prueba de Gama

En el anterior apartado, se ha visto que a las películas se le añaden bandas o tiras de colores originales en el borde del documento. Estas bandas aparecen en la prueba de color para ser comprobadas y asegurar que llevan la densidad de color correcta y que el cliché haya tenido una exposición correcta. También, la banda para comparar la ganancia del punto.

Para hacer estas pruebas de color o gama, es necesario que el diseñador se familiarice con estas bandas y aprender a usar un densitómetro para no dejarlo todo en manos del impresor y si se experimenta con las bandas, se adquirirán conocimientos muy útiles.

Lo que se comprueba en estas bandas es, en primer lugar, cada color sólido (CMYK) para comprobar la densidad de la tinta, para ello se utiliza el densitómetro y el resultado debe cumplir con las especificaciones del impresor. Cuando se utilizan prensas con rodillos pequeños, hay menos presión, por tanto, los impresores deben utilizar en estos casos, densidades un poco más inferiores que cuando se utilizan prensas grandes.

Después se leen las áreas de pigmentos especificados para comprobar la ganancia del punto. La ganancia del punto es el incremento del tamaño de un punto de trama, desde su original de medio tono, hasta que ha sido impreso y este incremento se expresa por un porcentaje. La ganancia del punto también se mide con el densitómetro.

Densidad de la tinta

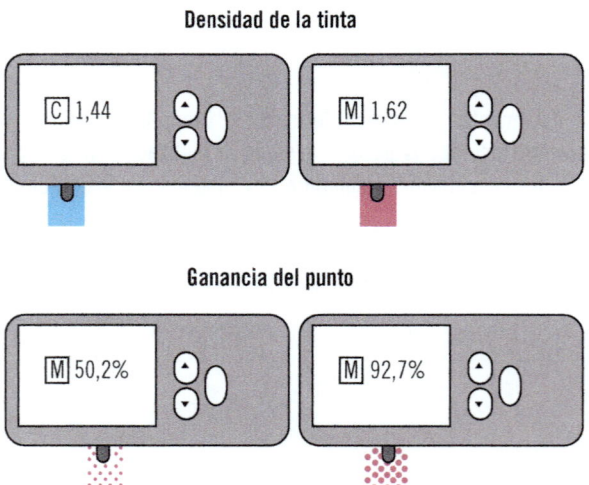

Ganancia del punto

Arriba, modelo de prueba de color. Abajo, la medición de la densidad de la tinta y la ganancia del punto con un densitómetro.

Prueba de color

Por otro lado, para comprobar o hacer una correcta prueba de gama hay que revisar los ángulos de trama. Todos los colores tienen un ángulo diferente y si no son correctos, produce muaré (moiré). El muaré es un efecto que se produce cuando los colores se interfieren o solapan unos con otros debido a inclinaciones incorrectas. Suele verse sobre todo en imágenes pequeñas, cuanto mayor sean, menos riesgo hay de que se produzca. Para comprobar la inclinación de cada color de trama se utilizan los medidores de ángulos.

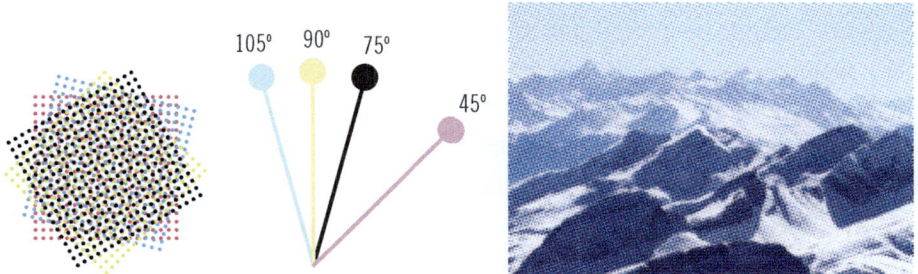

Ángulos de trama de colores CMYK a la dercha. A la izquierda se ve una imagen con efecto muaré.

Actividades

8. Entre las revistas o periódicos que pueda encontrar, mire las fotografías con una lupa de aumento para observar las tramas y si es posible, intente diferenciar los colores CMYK.

6. Gestión de imágenes: Compresión, Descompresión, Formatos

A continuación se estudiará cómo se pueden editar las imágenes y archivarlas para obtener un resultado óptimo dependiendo para qué se deseen utilizar.

6.1. Compresión y descompresión de archivos

Las imágenes basadas en píxeles, suelen ocupar demasiado espacio de almacenamiento en el ordenador y cuando hay que enviarlos por correo electrónico o por algún servicio de almacenamiento de archivos, es importante reducir el tamaño del envío para que el tiempo de transmisión no se exceda demasiado. Las imágenes se pueden comprimir de dos maneras con o sin pérdidas. Cuando se comprimen con pérdidas, no se aprecian a primera vista, pero realmente, se pierde información sobre todo en color, disminuyen los detalles de lo que no se puede percibir, sin embargo, si se abusa demasiado de esa compresión, la pérdida es más clara y apreciable para el ojo humano. El sistema de compresión con pérdida más utilizado es la compresión JPEG, que divide la imagen por igual en bloques de 64 píxeles (8x8) y en cada uno de esos bloques se reduce la información de color para que el archivo ocupe menos espacio.

Este método de compresión está admitido por los formatos de imagen JPEG, TIF, PDF y EPS.

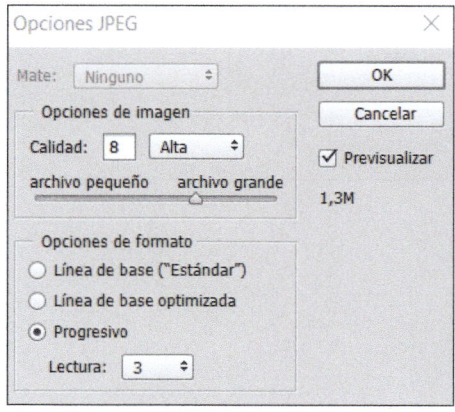

| Alta | Media | Baja |

El almacenamiento en formato JPG a distinta calidad, permite ver la compresión de la imagen al aumentar la escala del zoom.

La compresión JPEG se determina a la hora de guardar la imagen desde un programa de tratamiento de imagen como *Adobe PhotoShop* (menú **Archivo/ Guardar como)** o *Gimp* (menú **Archivo/Exportar).**

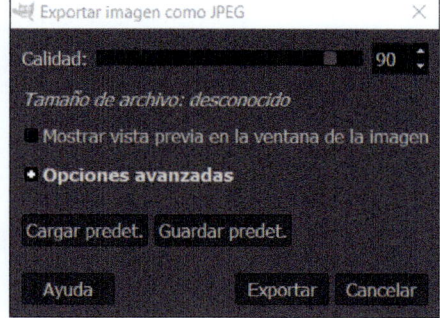

A la izquierda, menú de compresión JPEG desde Adobe PhotoShop, a la derecha el menú del programa Gimp.

Actividades

9. Si puede disparar una fotografía en alta resolución en formato JPG, pruebe a abrirla desde su programa de retoque digital y después, guárdelas con diferentes calidades de compresión, por ejemplo 1, 6 y 12. Abra de nuevo las fotografías almacenadas y compare la compresión de la imagen al aumentar su visualización con el zoom a gran escala.

En cuanto a la compresión sin pérdida, las más habituales son la compresión LZW (Lempel, Ziv y Welch) y la compresión ZIP, se utilizan para archivos tipo PDF o TIF y gestionan documentos en modo de escala de grises, RGB o CMYK. Este tipo de compresión permite reducir el peso del archivo a casi la mitad, o incluso más si las imágenes presentan grandes áreas del mismo color, sabiendo que no se va a perder calidad, sin embargo, ocupan más espacio que los archivos comprimidos mediante el método JPEG.

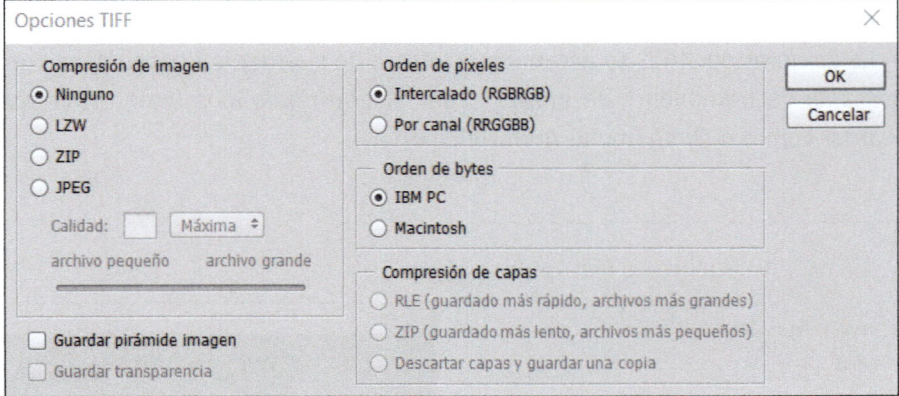

Continúa en página siguiente >>

<< Viene de página anterior

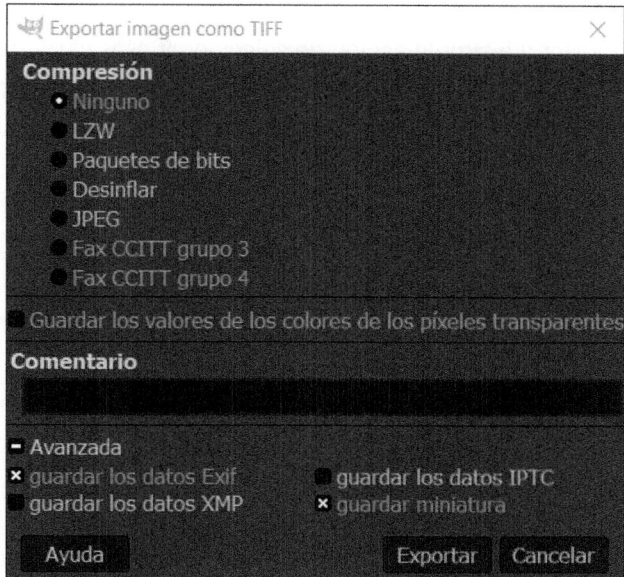

Arriba, menú de compresión de un archivo TIF desde Adobe PhotoShop, abajo el menú que exporta el TIF con Gimp.

Por tanto, la compresión de archivos se utiliza para reducir el peso del trabajo y así facilita la cantidad de almacenamiento y la rapidez del envío por internet.

En el mercado digital también se dispone de otra manera de comprimir los documentos que no es mediante el almacenamiento directo del documento desde un programa específico de tratamiento fotográfico. Se trata de la acción de comprimir archivos e incluso carpetas sin que se corrompan, es decir, para que puedan volver a su estado original en el momento de descomprimirlos. Se pueden comparar con una caja que almacena cualquier tipo de información: imágenes, textos, audio, vídeo, etc., y esa caja es el resultado de una codificación que comprime todo en uno para que ocupe menos espacio y su envío se limite a un solo documento donde toda la información quedará en su interior.

Para realizar esta labor se debe recurrir a programas de compresión de archivos, es decir, programas específicos para realizar esta función como son *WinZip, WinRar, 7Zip* o *IZarc.*

Para comprimir carpetas o archivos sueltos se puede hacer directamente desde el explorador de archivos, siempre y cuando se tenga instalado algún programa compresor. La simple acción de seleccionar esas carpetas o archivos con el ratón, permitirá acceder al compresor haciendo un clic con el botón secundario sobre ellos y aparecerán las propiedades de la compresión.

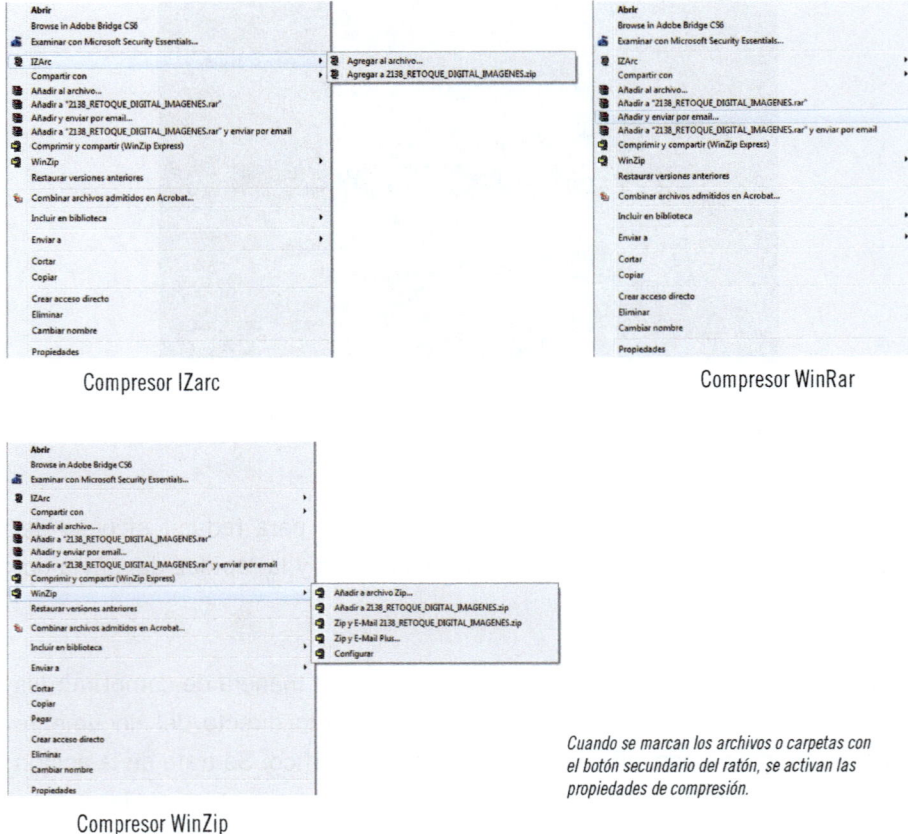

Compresor IZarc

Compresor WinRar

Compresor WinZip

Cuando se marcan los archivos o carpetas con el botón secundario del ratón, se activan las propiedades de compresión.

Cada programa de compresión tiene su propio menú de propiedades, pero se debe tener en cuenta que si los archivos ya están comprimidos por el método JPEG, LZW o Zip, el peso final comprimido, no variará demasiado y solo servirá esta compresión para facilitar el envío de varios documentos o carpetas en un solo archivo.

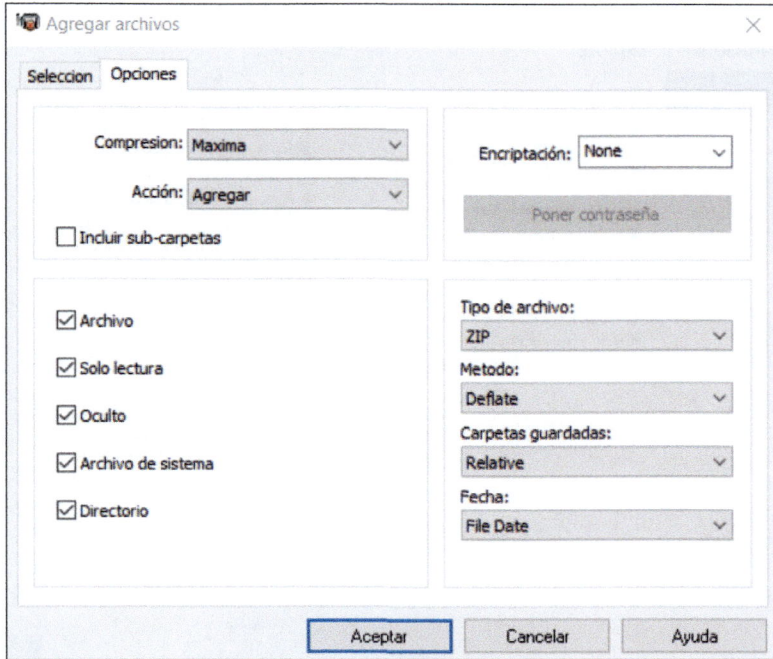

IZarc

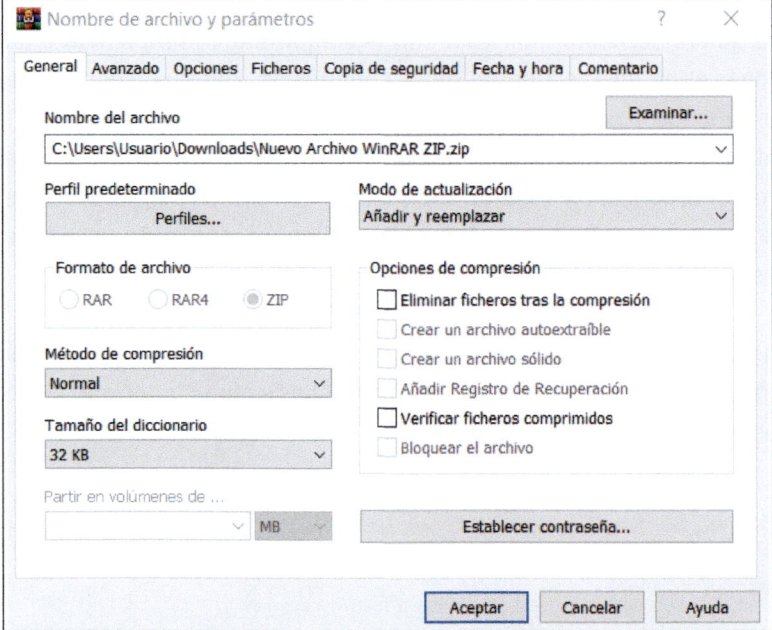

WinRar

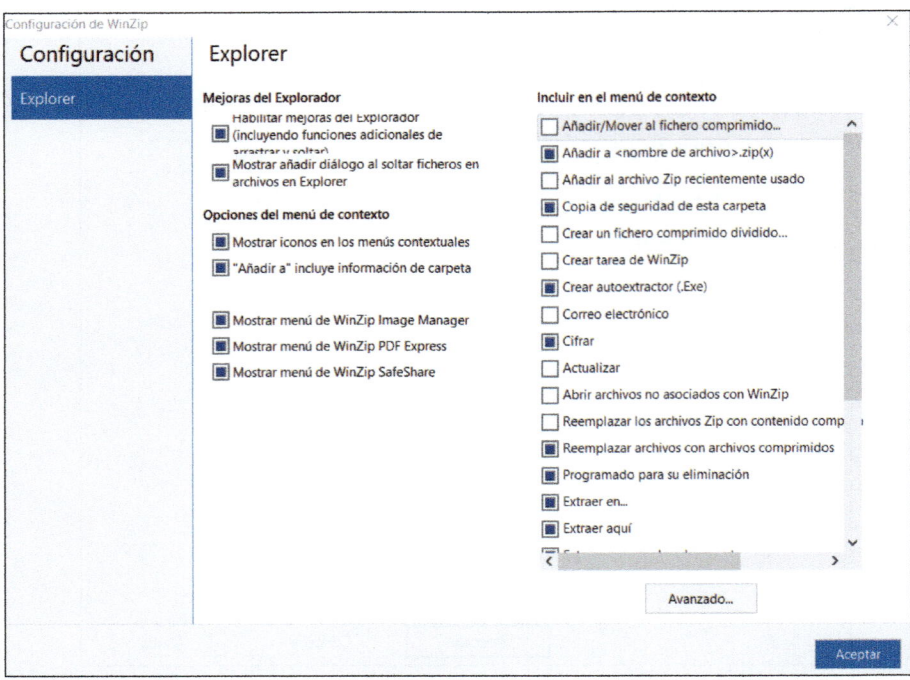

Menú de propiedades de configuración de diferentes programas comprensores

Si se quiere descomprimir los archivos comprimidos, simplemente hay que seleccionar el archivo resultante de la compresión, habitualmente se reconocen por su icono y por las extensiones ZIP, RAR o CAB. Si se hace doble clic sobre él, se activará el programa de compresión que se tenga por defecto instalado en el ordenador y toda la información comprimida volverá a su estado original en la dirección o ruta que se le indique, respetando la jerarquía de carpetas, nombres y calidad de los archivos originales.

También existen páginas web donde se pueden comprimir archivos de todos los formatos, como <https://www.iloveimg.com/es> para comprimir JPG o PNG o <https://www.youcompress.com/es/tiff/> para comprimir TIFF.

Actividades

10. Seleccione una serie de archivos de imágenes que tenga almacenadas en su equipo. Pulse con el botón secundario sobre alguno de ellos y compruebe si tiene instalado algún programa compresor. Si no es así, instale alguno de uso libre o de prueba. Cree su archivo ZIP, RAR o CAB y cópielo en otra unidad de disco. Mire las propiedades del archivo y compárelo con el peso de todas las imágenes seleccionadas. Si las imágenes eran JPG, notará poca diferencia, si son imágenes TIF, la compresión será mayor. Descomprímalas y comprobará que vuelven a restaurarse con el mismo nombre y propiedades.

6.2. Formatos

Cuando se guardan o almacenan trabajos de fotomontajes o fotografía digital, si se han realizado con *Adobe PhotoShop* o *Gimp*, se aconseja tener en cuenta que, si se va a seguir trabajando con ellos más adelante, se deben guardar con el formato propio de cada programa, es decir el **PSD** en *PhotoShop* o **XCF** en *Gimp,* son los más adecuados para continuar editándolo, porque mantienen las capas, textos, formas, máscaras, capas de ajustes, etc., y no comprimen su acabado. El único inconveniente es que difícilmente se podrán visualizar en equipos que no dispongan de estos programas. Sin embargo, si se quiere guardar estos ficheros con un formato de salida más convencional como **JPG** o **GIF** y que permita su visualización final en otros equipos, se puede elegir directamente esta extensión en la opción **Archivo/Guardar como** en *Adobe PhotoShop* o **Archivo/Exportar** en *Gimp*.

Sin embargo, se puede hacer uso de una infinidad de formatos más, los más utilizados y comunes son:

- **TIFF** *(Tagged Image File Format):* totalmente compatible en los sistemas operativos de Windows y Macintosh. Soporta dibujo de líneas, modo en escala de grises, RGB o CMYK y también almacena las propiedades aplicadas en los programas de edición como la edición de capas, canales, máscaras, etc.

- **JPG** *(Joint Photographers Experts Group):* es uno de los más conocidos porque se utiliza para la compresión de imágenes consiguiendo pocas pérdidas visibles y porque es el más utilizado en las cámaras fotográficas digitales y son los más utilizados en la transmisión por la Web. Sin embargo, hay que tener en cuenta cuándo este formato va a ser el definitivo, porque cualquier edición o modificación, puede sufrir pérdidas de calidad.

- **BMP** *(Bitmap):* el formato BMP es un archivo rasterizado sin comprimir diseñado para mostrar imágenes de alta calidad en Windows y almacenar fotos imprimibles. Actualmente muchos dispositivos Mac y Android son compatibles con ellos.

- **GIF** *(Graphic Interface Format):* creado por Compuserve. Se utilizan principalmente para el uso en páginas como *banners,* mantienen un modo de color indexado máximo de 256 colores y permite guardar transparencias o crear animaciones, pero no es el más adecuado para proyectos gráficos por su baja calidad cromática.

- **PNG** *(Portable Network Graphics):* es parecido al GIF, pero de uso libre, también permite transparencias y muy utilizado en el diseño web, aunque no permite crear ciclos, aunque sí permite gestionar imágenes en RGB, es decir, tiene menos pérdidas de información.

 Aplicación práctica

Ha recibido de unos clientes un *pendrive* con 100 fotografías en formato TIFF y le han pedido que haga una copia de todas ellas, pero en un formato que ocupe el menor espacio posible, aunque pierdan calidad, pero que puedan visualizarse en modo RGB para internet y así poder insertarlas en una web. ¿Qué tipo de formato aplicaría a las imágenes?

SOLUCIÓN

El formato JPG es el formato más adecuado para utilizar en la Red, ya que es el más estandarizado en el diseño web o por las cámaras digitales. Si han informado de que lo importante es que bajen de peso, el JPG, utiliza un formato de compresión con pérdida, pero trabaja en RGB, por tanto la compresión se realizará en base a módulos de 8 x 8 píxeles y esto reducirá notablemente el peso de las imágenes.

Continúa en página siguiente >>

<< Viene de página anterior

Si se conoce alguna aplicación que pueda automatizar todo el proceso, para ahorrar tiempo, sería perfecto, por ejemplo existe *Adobe Bridge* (se puede descargar de forma gratuita), pero si no es así, se tendría que abrir cada fotografía TIFF, por ejemplo en *Adobe PhotoShop* y desde el menú **Archivo,** elegir **Guardar como** para buscar el formato JPG. La calidad más alta de compresión es 1 por tanto si se quiere comprimirlas al máximo, se elegirá ese valor. Si se trabaja con *Gimp,* se debe elegir la opción del menú Archivo/Exportar y las características serían las mismas.

El resultado de la conversión de formato se reduciría a más del 75 % del peso original.

7. Sistema de envío de imágenes: Mail, FTP, otros

Cuando se envían imágenes por la red, se pueden utilizar diferentes caminos. Por un lado, se tiene el sistema más común que es el envío por email. Las cuentas de correo personales, tienen opción a adjuntar archivos, por tanto también imágenes, su icono se suele reconocer por símbolo de un "clip", aunque muchas otras cuentas de correo directamente tienen la opción **Adjuntar archivo** o **Insertar imágenes.** El peso máximo que permiten de archivos adjuntos, puede oscilar entre 10 y 25 Mb, según el servidor.

Continúa en página siguiente >>

<< Viene de página anterior

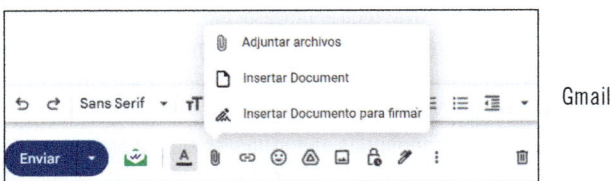

Gmail

Diferentes administradores de correo electrónico y sus opciones para adjuntar archivos.

Sin embargo, también se puede optar por otros medios de envío como pueden ser las FTP *(File Transfer Protocol)*. Es un *software* que se realiza entre clientes o servidores que permite transferir ficheros. Es una transferencia más estable, fiable y admiten tamaños bastante grandes. Para establecer la conexión, es necesario autenticarse como usuario mediante una contraseña. Este medio se suele utilizar entre redes corporativas y usuarios con algún dominio que trabaje con un programa servidor FTP.

Para poder transferir, se deben tener todos los datos y sobre todo, la dirección FTP que se indicará en la barra de direcciones del navegador.

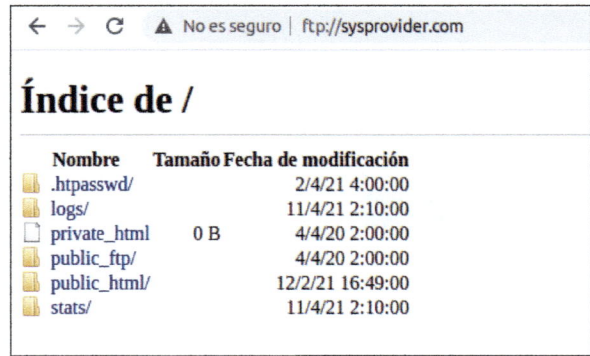

Google Chrome

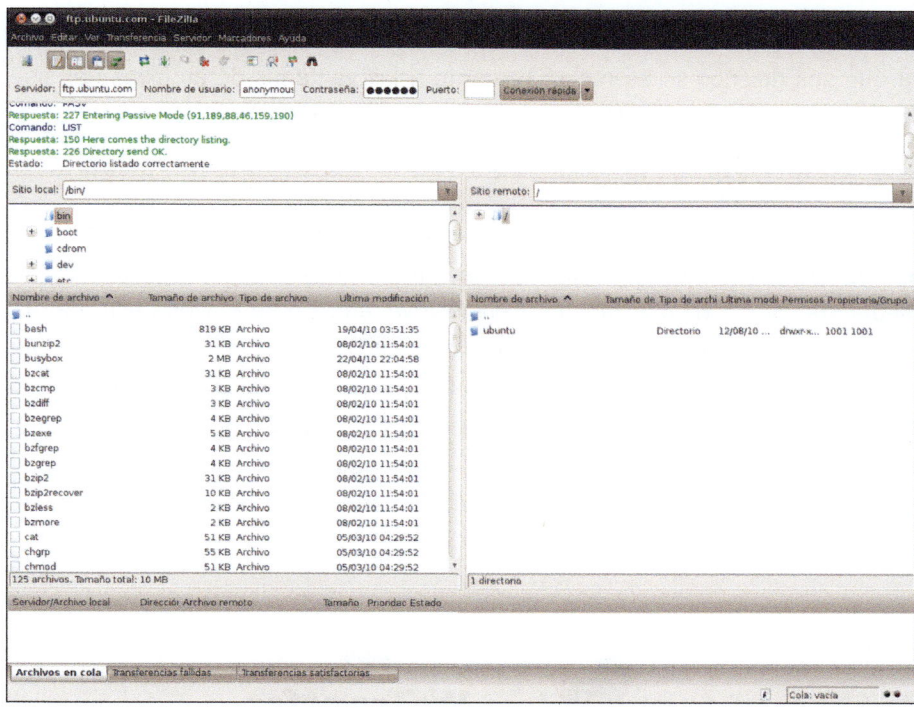

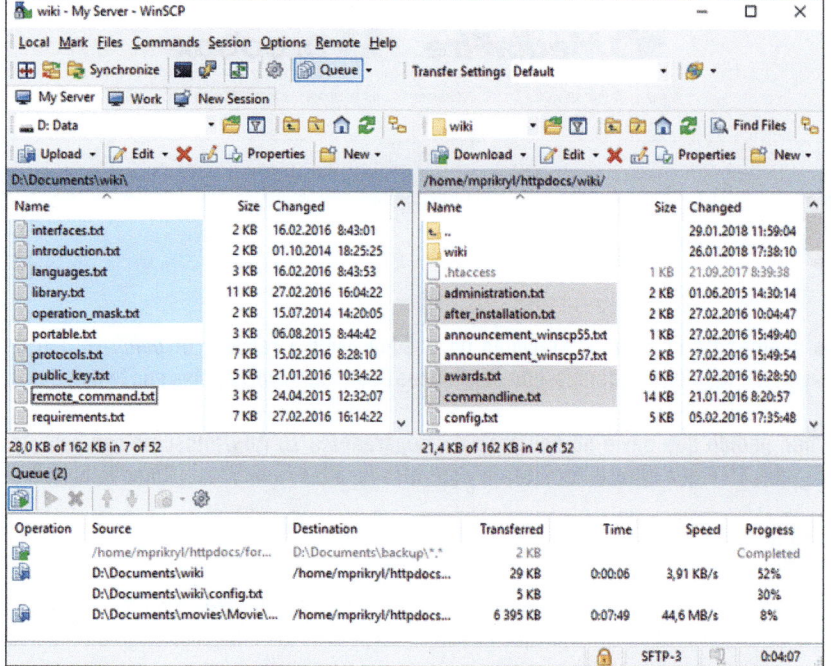

Mozilla Firefox ha dejado de dar soporte FTP, se debe utilizar una aplicación externa como FileZilla o WinSCP.

Las ventanas que muestran los servidores FTP, suelen ser muy deducibles ya que sus diseños se asemejan bastante a las ventanas de archivos del sistema operativo y la transferencia se realiza de forma similar, desplazando o copiando la información de una unidad a otra.

Por otro lado, también se puede optar por los Alojamientos de Archivos en la red, son servicios que ofrecen algunas empresas como *DropBox, SugarSync, MediaFire, SkyDrive, WeTransfer, GoogleDrive,* etc. En su mayoría son gratuitos, pero si se quiere transferir una gran cantidad de información de mucha capacidad no suelen admitir más de los 5 GB y si se quisiera ampliar, se tendría que contratar el servicio de pago. En caso de que el envío se realice mediante un servicio de alojamiento de archivos online, se recomienda que todas las carpetas se compriman en un único fichero para que al descomprimirlo todo quede como la planificación original.

Algunos de los servicios de almacenamiento que se pueden encontrar en la red.

Aplicación práctica

Los clientes de la anterior actividad no pueden venir a recoger el *pendrive* con las imágenes reducidas y además, han perdido los documentos originales que le mandaron.

Le han pedido que envíe en dos archivos separados a su ftp://fotoscatalogo.com, las imágenes TIFF que ellos le facilitaron y por otro lado las reducidas. ¿Cómo lo haría?

SOLUCIÓN

Para comprimir varios archivos en uno solo, se debe utilizar un programa de compresión como *Winzip, Winrar* o *Izarc.* Hay que buscar la carpeta de las imágenes originales, pulsar

Continúa en página siguiente >>

<< Viene de página anterior

sobre ellas con el botón secundario del ratón y elegir la opción de **Añadir** o **Agregar** a archivo Zip o Rar del compresor. Una vez almacenado ese archivo, se repite la misma operación con la carpeta de imágenes reducidas.

Para el envío a la ftp://fotoscatalogo.com, antes se debe pedir a los clientes la contraseña de acceso.

Se entra en algún navegador de internet y se escribe la dirección FTP en la barra de direcciones y ahí se solicitará la contraseña.

Una vez se haya accedido al FTP, se podrá ver una disposición de carpetas del equipo y del FTP de ellos. Solo se tienen que buscar los dos archivos comprimidos y desplazarlos a su carpeta destino.

Sabía que...

Cada vez se utilizan más los servicios de almacenamiento, no solo para el envío de archivos, sino también como copia de seguridad de los documentos de los usuarios. Pudiendo disponer de ellos desde cualquier ordenador conectado a la red. Es una alternativa al almacenamiento en dispositivos extraíbles, sin problemas de pérdidas o daños.

Actividades

11. Infórmese de las ventajas y las pocas desventajas que ofrecen los servicios de almacenamiento en la red. Créese una cuenta en alguno de ellos y pruébelo para conocer la facilidad de uso que ofrecen.

8. Resumen

En este capítulo se ha comprobado cómo a la hora de trabajar con imágenes digitales, su proceso no solo se reduce al manejo del *software* específico para el tratamiento de estas. Existe un mundo de gestión que es primordial conocer para que el resultado de los proyectos tenga una salida de impresión adecuada. No es lo mismo planificar el diseño de un cartel publicitario que una fotografía de alta resolución y como se ha visto, existen multitud de medios de impresión, desde la impresora personal de inyección o láser hasta las máquinas de gran formato, cuyas técnicas pueden variar en calidades y también en precios. Hay que conocer e investigar cual será el medio más apropiado para dar salida al trabajo y que el resultado sea satisfactorio para la necesidad que debe cumplir.

Además, no todo se limita a conocer el medio de impresión. Cuando se realizan trabajos profesionales, donde la salida de color es fundamental, las pruebas de color son un recurso muy útil que siempre se aconseja realizar para no llevarse sorpresas en el acabado final, aunque esto pueda incrementar notablemente el presupuesto. Las máquinas de pruebas de color y las tiras de control es lo más fiable para estos casos.

Por último, la gestión de los archivos es también un apartado crucial en el trabajo, ya que dependiendo del formato elegido o de su compresión, pueden variar mucho las calidades y por tanto se deben conocer las diferentes extensiones de salida de las imágenes en mapa de bits y los usos que se le suelen dar para sus posteriores ediciones.

Cuando se tienen todos estos aspectos bien definidos, si se deben hacer envíos por red, internet también ofrece muchas posibilidades y facilidades para transferir archivos, desde los correos electrónicos, las FTP o los alojamientos de archivos. Hoy en día, la tecnología y la comunicación avanza a pasos descomunales y es necesario actualizarse continuamente para facilitar y ofrecer comodidades tanto a los clientes como para quien realiza el trabajo.

Ejercicios de repaso y autoevaluación

1. **Las impresoras láser utilizan...**

   a. ... tintas líquidas que se transfieren por inyección.
   b. ... partículas de tóner que se transfieren por calor.
   c. ... tintas líquidas que se transfieren por un láser

2. **Sopa de letras. Busque los nombres de 5 tipos de impresoras o sistemas de impresión de diferentes tecnologías.**

A	O	P	A	S	S	R	H	N	P	R	S	T	C
L	A	I	G	L	A	S	E	R	C	R	U	L	L
A	K	X	A	Q	O	A	A	I	I	N	B	G	R
P	E	I	P	N	A	T	T	N	W	R	L	T	E
D	L	C	R	Y	S	T	A	L	P	O	I	N	T
A	C	K	Y	T	Z	N	E	R	L	A	M	O	D
U	I	S	P	F	A	M	I	A	O	F	A	K	R
T	L	C	R	N	N	L	F	T	T	A	C	C	A
R	F	Q	E	O	R	Z	L	Y	M	O	I	A	W
D	S	I	D	I	N	Y	E	C	C	I	O	N	G
A	O	E	I	L	L	S	D	R	B	O	N	U	A
C	R	P	A	Q	Q	F	F	I	G	N	X	T	M

3. **Indique si las siguientes afirmaciones son verdaderas o falsas.**

   a. Los formatos más habituales de las impresoras láser son el A4 y A3.

      ☐ Verdadero
      ☐ Falso

b. Las impresoras de inyección de tinta son más rápidas imprimiendo que las impresoras láser.

☐ Verdadero
☐ Falso

c. Las impresoras de sublimación utilizan tintas solidificadas que pasan del estado sólido al gaseoso, sin pasar por el líquido.

☐ Verdadero
☐ Falso

d. Las impresoras de sublimación permiten imprimir con papel y tintas especiales que se pueden transferir a casi todo tipo de material.

☐ Verdadero
☐ Falso

4. Las impresoras LED utilizan...

a. ... pequeños rayos láseres.
b. ... diodos emisores de luz.
c. ... luces ultravioletas.

5. Las impresoras de inyección de tinta imprimen el color...

a. ... mediante pequeñas gotas o puntos de color.
b. ... mediante líneas continuas de diferentes colores.
c. ... mediante pigmentos de tóner.

6. El nuevo sistema CrystalPoint de impresión está compuesto por...

a. ... pequeñas perlas rellenas de tinta líquida.
b. ... pequeñas perlas de tóner que se convierten en gel.
c. ... pequeñas perlas de gel que se convierten en tóner.

7. **En el siguiente jeroglífico identifique el sistema de prueba de color analógico más conocido.**

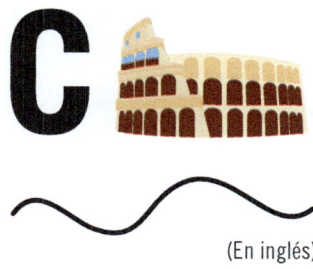

(En inglés)

8. **Las pruebas de color analógicas de la empresa Dupont...**

    a. ... realizaba pruebas de color mediante fotolitos de 30 x 90 cm.
    b. ... realizaba pruebas de color mediante fotografías de 50 x 70cm.
    c. ... realizaba pruebas de color mediante fotolitos de 50 x 70 cm.

9. **Con el densitómetro se comprueba...**

    a. ... la densidad de la tinta en la prueba de color.
    b. ... la ganancia del punto en la prueba de color.
    c. Ambas respuestas son correctas.

10. **El muaré es...**

    a. ... un efecto visual tridimensional que produce los colores contiguos cuando no tienen inclinaciones de trama.
    b. ... un efecto que produce los colores cuando se solapan unos con otros con inclinaciones incorrectas.
    c. ... el efecto rayado que producen las tintas sobre el papel.

11. Los ángulos de trama de colores CMYK suelen ser:

    a. Cian 45º, Magenta 90º, Amarillo 75º, Negro 105º.
    b. Cian 105º, Magenta 45º, Amarillo 90º, Negro 75º.
    c. Cian 90º, Magenta 75º, Amarillo 105º, Negro 45º.

12. Complete la siguiente frase.

El sistema de compresión de archivos de imagen más común con pérdida es el
_____, que divide la imagen en bloques de ___ x ___ píxeles. La compresión más
habitual sin perdida es la _____ y la _____.

13. Los programas WinZip, WinRar o IZarc son...

    a. ... programas de retoque digital.
    b. ... programas de compresión y descompresión de archivos.
    c. ... programas de envío de archivos.

14. Los formatos de archivos propios de Adobe PhotoShop y Gimp son:

    a. JPG y BMP
    b. PSD y XCF
    c. PDF Y XCF

15. Los formatos más apropiados para utilizar en internet son:

    a. JPG, GIF y PNG
    b. JPG, TIFF y BMP
    c. JPG, TIFF y PNG

Bibliografía

Monografías

▌BANN, D. y GARGAN, J.: *Cómo corregir pruebas de color.* Barcelona: Editorial Gustavo Gili, 1993.

▌DABNER, D.: *Diseño Gráfico. Fundamentos y prácticas.* Barcelona: Editorial Blume, 2018.

▌EISMANN, K.: *PhotoShop 6. Restauración y retoque fotográfico*: Madrid: Pearson Educación, 2001.

▌GÖTZ, V.: *Retículas para Internet y otros soportes digitales.* Barcelona: Index Books S. L., 2002.

▌GULBINS, J. y STEINMUELLER, U.: *Manual de flujo de trabajo en el posprocesado digital.* Barcelona: Editorial Omega, 2012.

▌GUTIÉRREZ González, P. P.: *Teoría y práctica de la publicidad impresa.* Valencia: Campgràfic Editors, 2006.

▌JOHANSSON, K., LUNDBERG, P. y RYBERG, R.: *Manual de producción gráfica. Recetas.* Barcelona: Editorial Gustavo Gili, 2011.

▌JURADO, A.: *La imprenta y el libro en España, desde los inicios hasta el principio de las actuales técnicas.* Madrid: Capta Artes Gráficas S. A., 2016.

❚ LIDWELL, W., HOLDEN, K. y BUTLER, J.: *Principios universales de diseño*. Barcelona: Editorial Blume, 2020.

❚ MELLADO Martínez, J. M.: *Fotografía digital de alta calidad*. Barcelona: Editorial Artual, 2013.

❚ SAMARA, T.: *El diseñador como chef*. Barcelona: Editorial Gustavo Gili, 2010.

❚ SAMARA, T.: *Los elementos del diseño. Manual de estilo para diseñadores gráficos*. Barcelona: Editorial Gustavo Gili, 2008.

❚ SEDDON, T.: *Imágenes. Flujo de trabajo digital para diseñadores gráficos*. Barcelona: Editorial Gustavo Gili, 2008.

❚ TONDREAU, B.: *Principios fundamentales de composición*. Barcelona: Editorial Blume, 2009.

Textos electrónicos, bases de datos y programas informáticos

❚ Curso de fotografía 27. El color. Introducción al color, de:
<http://www.xatakafoto.com/curso-de-fotografia/27-el-color-introduccion-al-color>.

❚ Color matters. Basic Color Theory, de:
<http://www.colormatters.com/color-and-design/basic-color-theory>.

❚ Percepción. El disco de Newton, de:
<http://www.principia-malaga.com/k/images/pdf/web-disco-newton.pdf>.

❚ Proyecta color. El círculo cromático, de:
<http://www.proyectacolor.cl/teoria-de-los-colores/circulo-cromatico/>.

❚ Muac. Historia del color, de:
<http://www.tiki-toki.com/timeline/entry/72210/UNA-HISTORIA-DEL-COLOR/#vars!
date=0275-10-14_18:12:57!>.

▌ Comunicación del color, de:
<http://www.slideshare.net/aleko062008/comunicacion-del-color>.

▌ Gestión del color, de:
<http://www.gestiondecolor.com/blog/i/227/128/control-de-impresion-densitometria-y-tiras-de-control>.

▌ Las cartas de color, de:
<http://redgeomatica.rediris.es/carto2/arbolB/cartoB/Bcap6/6_6_2_1.htm>.

▌ Tipos de colorímetros, de:
<http://www.ehowenespanol.com/tipos-colorimetros-info_198009/>.

▌ Color, colorimetría y ley del color, de:
<http://lalitotowers.wordpress.com/color-colorimetria-y-ley-del-color/>.

▌ Calibrar monitores e impresoras, de:
<http://www.gusgsm.com/categoria_calibracion>.

▌ El colorímetro, de:
<http://conamorpublicidad.wordpress.com/author/angiekru/page/2/>.

▌ El espectrofotómetro, de:
<http://www.glosariografico.com/espectrofotometro>.

▌ Gestión de color con Gimp, de:
<http://docs.gimp.org/es/gimp-imaging-color-management.html>.

▌ El espacio de color, de:
<http://www.apratizando.com/2013/11/guia-completa-e-indolora-para-programado-res-sobre-xyz-rgb-icc-xyy-and-trcs/>.

▌ Conocimientos Online, Pruebas de color, de:
<http://www.artis.com.ve/ArticleContent.asp?CategoryID=11846&ArticleID=176850>.

▌Cromalin, de:
<http://raulroman.wordpress.com/category/ut7-pruebas-en-preimpresion/>.

▌Hartmann y las tiras de control, de:
<http://procesosdeartesgraficas.blogspot.com.es/2013/02/hartmann-y-las-tiras-de-control.html>.

▌Procesos de artes gráficas, de:
<http://procesosdeartesgraficas.blogspot.com.es/>.